Ralf Hanselle, Alexander Marguier (Hg.)

Im Demokratielabor

Ein CICERO-Buch

Cicero

MAGAZIN FÜR POLITISCHE KULTUR

Ralf Hanselle, Alexander Marguier (Hg.)

Im Demokratielabor

Ostdeutschland zwischen Freiheit und Populismus

HERDER

FREIBURG · BASEL · WIEN

Verlag Herder GmbH, Freiburg im Breisgau 2024
Alle Rechte vorbehalten
www.herder.de

Umschlaggestaltung: Finken & Bumiller Buchgestaltung
Satz: ZeroSoft, Timişoara
Herstellung: GGP Media GmbH, Pößneck
Printed in Germany

ISBN (Print): 978-3-451-39769-1
ISBN (EPUB): 978-3-451-83433-2
ISBN (EPDF): 978-3-451-83438-7

Inhalt

Vorwort: Im Demokratielabor

VON RALF HANSELLE

Ein Buch über den Osten ist immer auch ein Buch über den Westen. Lange Zeit zumindest hat man dieses auf den ersten Blick doch sehr einleuchtende Dichotomiemodell auf das wiedervereinigte Deutschland angewandt. Wann immer sich in den zurückliegenden 35 Jahren neue Ost-West-Debatten am Horizont zeigten – und diese scheinen von der Kontroverse über den Umgang mit der einstigen PDS bis zur heutigen Oschmann-Debatte geradezu zyklisch wiederzukehren –, war der Westen zumeist nur die Hintergrundfolie für die Bewertung des Fortschritts in den fünf ostdeutschen Bundesländern. „Denken heißt vergleichen", diese gerne zitierte Sentenz des einstigen liberalen Außenministers Walther Rathenau, im Reden über die deutsche Einheit blieb sie vermutlich zu lange unhinterfragt.

Natürlich: Der Osten musste seine eigenen Herausforderungen meistern, er hatte seine eigenen Probleme, seine individuellen Geschichten, Traditionslinien, Brüche und sozialen Milieus, die nach 40 Jahren DDR-Geschichte nicht mit denen im Westen vergleichbar waren. Doch wenn es um die Frage ging, wann der Prozess der Vereinigung abgeschlossen sei, so war die Antwort darauf zumindest im Westen lange Zeit eindeutig: Wenn man hüben so ist wie drüben – will heißen, wenn sich Mentalität, Geschmack, Milieus und vor allem natürlich auch das Wahlverhalten sowie die Parteienpräferenzen einander angeglichen hätten.

So gesehen, waren die Landtagswahlen 2024 mit ihren großen Erfolgen für AfD und BSW wieder einmal ernüchternd: In Thüringen, Sachsen und Brandenburg, so hatte es für viele den Anschein, wurde wieder einmal bewiesen, dass der Osten anders tickt. Ja schlimmer: Man scheint dort sogar genervt zu sein von den ewigen Ost-West-Vergleichen. Eine Umfrage des Mitteldeutschen Rundfunks zeigte im Oktober 2024, dass gut die Hälfte der Menschen in Ostdeutschland (48 Prozent) der ewigen Vergleiche überdrüssig ist. Und das, obwohl sieben von zehn Befragte ebenso feststellen müssen, dass Ost und West aktuell wieder verstärkt auseinanderdriften.

Muss ein Buch über den Osten also gar nicht notgedrungen auch ein Buch über den Westen sein? „Unglücklich vereint. Warum der Osten anders bleibt", hatte jüngst auch schon der Soziologe Steffen Mau diagnostiziert. Wäre es da nicht also tatsächlich an der Zeit, die spezifisch ostdeutschen Formen der Demokratieaneignung, der Identitätsbildung und des historischem Erlebens möglichst breit gefächert darzustellen und somit neu zu würdigen?

Dieser Sammelband mit ganz unterschiedlichen Autoren aus Journalismus, Literatur und Wissenschaft hat genau dies versucht. Die Beiträge, meistenteils geschrieben von Autoren mit ostdeutscher Sozialisationsgeschichte, wollen die altbewährten Vergleichspunkte endlich hinter sich lassen und so zu neuen Bewertungen aktueller Debatten finden.

Die Schriftstellerin Kathrin Schmidt etwa geht in ihrem Beitrag „Am Ostpol" der Frage nach, ob die Menschen in den fünf ostdeutschen Bundesländern gelegentlich nicht weit mehr Erfahrungen mit denen in Oława oder Brno teilen als mit ihren unmittelbaren Landsleuten in Stuttgart oder Esslingen. Astrid Lorenz und Hendrik Träger wiederum, beide Politikwissenschaftler an der Universität Leipzig, haben sich das derzeit viel diskutierte Wahlverhalten im Osten in der Tiefe angeschaut. Dabei kommen sie zu dem interessanten Ergebnis, dass man aufgrund der fehlenden Parteienbindung im Osten längst ähnlich wählt wie in vielen westeuropäischen Ländern auch: Man ist wenig tradiert und bleibt daher flexibel. Und der in Berlin lebende Pädagoge und Therapeut Udo Baer stellt sich in seinem Beitrag die Frage, wie die Erfahrung der Diktatur auch nach 35 Jahren Freiheit und oftmals über mehrere Generationen hinweg das individuelle Denken und Erleben von Menschen beeinflussen könne.

Vielleicht ist es also an der Zeit, weniger über den Westen und unmittelbarer über den Osten zu reden und zu schreiben. Denn Differenz ist nicht notgedrungen bedrohlich, sie ist vielmehr Ansporn, sich in seinem eigenen Wesen und Gewordensein zu erkennen, zu würdigen und ernst zu nehmen.

Bullshit und Unfreiheit
Was die östlichen Bundesländer
vom Westen wegtreibt

VON MATHIAS BRODKORB UND ALEXANDER MARGUIER

„Jetzt sind wir in einer Situation, in der wieder zusammenwächst, was zusammengehört", sagte Altkanzler Willy Brandt am 10. November 1989 in Berlin anlässlich des Mauerfalls auf die Frage eines Journalisten, was denn nun in ihm vorgehe. Zwar war allerorten bald von „Ossis" und „Wessis" die Rede. Aber es herrschte Zuversicht vor, dass alles nur eine Frage der Zeit sei.

Der Wille zur Einigkeit scheint inzwischen aufgezehrt. Was eigentlich zusammenwachsen sollte, strebt mit Macht wieder auseinander. Am deutlichsten wird dies an den Zustimmungsraten der AfD: Im Westen erreicht die Rechtspartei bei Umfragen zwischen zehn und 15 Prozent, manchmal liegt sie auch etwas darüber. Im Osten dagegen ist sie auf dem Weg zur bestimmenden Volkspartei. In Sachsen und in Thüringen kam sie bei den Landtagswahlen vom 1. September 2024 auf 30,6 bzw. 32,8 Prozent. Und in den Umfragen zu den ostdeutschen Ländern liegt sie meistens auf Platz eins.

Auch eine Erhebung des Else-Frenkel-Brunswik-Instituts der Universität Leipzig aus dem vergangenen Jahr zeigt ein gespaltenes Land. Während sich mehr als 90 Prozent der Ostdeutschen zur Idee der Demokratie bekennen, sind mit ihrer Praxis nur knapp 40 Prozent zufrieden. Fast 80 Prozent leben in dem Gefühl, keinen Einfluss auf die Politik zu haben.

Vergessene Wendepersönlichkeiten

Um ein Gefühl für das Unbehagen gebürtiger Ostdeutscher mit den Verhältnissen im 34. Jahr nach der Wiedervereinigung zu bekommen, empfiehlt sich ein Treffen mit einem der Protagonisten der Wendezeit. Etwa mit Markus Meckel. Der Theologe war schon in den 1970er Jahren in der DDR-Opposition aktiv, im Herbst 1989 zählte er zu den Mitbegründern der Ost-SPD (SDP), für die er später mit am legendären Runden Tisch saß, wo über die Zukunft des sogenannten Arbeiter-und-Bauern-Staats verhandelt wurde. Meckel hat eine gewisse historische Berühmtheit erlangt als „letzter Außenminister der DDR", dem Bundestag gehörte der heute 72-Jährige von 1990 bis 2009 an und spielte dort eine zentrale Rolle bei der DDR-Aufarbeitung.

Es ist bezeichnend, dass Menschen wie Meckel in der offiziellen Erinnerungskultur kaum eine Rolle spielen. Im Gegensatz zu anderen Wendepersönlichkeiten – vornehmlich solchen aus dem Westen – wird man Meckel bei Einheitsfeierlichkeiten vergeblich suchen; dass er dorthin gar nicht erst eingeladen wird, nimmt er gelassen. Es gehe ihm nicht um seine Person, sagt er, wohl aber um den grundsätzlichen Respekt gegenüber seinen Landsleuten und Mitstreitern aus dem Osten. Bei öffentlichen Debatten über das innerdeutsche Verhältnis würden stets 80 Prozent der Bevölkerung über die restlichen 20 Prozent der Menschen im Osten des Landes reden: „Da tut sich ein gewaltiges Missverhältnis in puncto politischer Repräsentanz in der Öffentlichkeit auf."

Die wenigen Monate auf Augenhöhe

Wenn Meckel auf die Wendezeit zurückblickt und Revue passieren lässt, was seither geschah, wirkt er kein bisschen verbittert – da entspricht er ganz dem Bild des optimistischen evangelischen Christenmenschen. Gleichwohl will er die Erzählung zur deutschen Wiedervereinigung, wie sie sich inzwischen schulbuchtauglich durchgesetzt hat, so nicht stehen lassen. Danach haben die mutigen Menschen auf den Straßen der DDR die Mauer zwar zu Fall gebracht – um hinterher aber wieder in der Anonymität zu verschwinden. „Und dann kam Helmut Kohl und hat die deutsche Einheit bewerkstelligt – das ist die übliche Wendegeschichte, um die herum noch ein paar Leute wie Gorbatschow oder der damalige US-Präsident George Bush gelobt werden."

Fast vergessen ist heute, dass es nach dem 9. November 1989 noch vier Monate lang ebenjenen Runden Tisch gab, an dem er und andere DDR-Mitbürger auf der einen und Politiker aus der Bundesrepublik auf der anderen Seite den Einigungsvertrag ausgehandelt haben – strukturell also auf Augenhöhe. Meckels Fazit: „Der aufrechte Gang, mit dem wir damals selbstbestimmt in die deutsche Einheit gegangen sind, spielt in der offiziellen Erinnerungskultur so gut wie keine Rolle mehr."

Das Handeln der Treuhand

Ein ähnliches Phänomen lässt sich rückblickend für eine andere Ebene konstatieren, nämlich die ökonomische. Meckel erwähnt die Treuhandanstalt. Er wolle „überhaupt nicht bestreiten, dass es diese Einrichtung brauchte, um die Volkseigenen Betriebe der DDR zu privatisieren". Die Treuhandanstalt war ja tatsächlich eine bereits

nach der ersten freien Volkskammerwahl vom demokratisch legitimierten Parlament in Ostdeutschland gegründete Institution – die
damals dem Amt des Ministerpräsidenten der DDR zugeordnet
war. „Nach der Einheit wurde sie dann dem Bundesfinanzministe-
rium unterstellt, weil man durch die Privatisierungserlöse vor allem
die Kosten der deutschen Einheit decken wollte." Die ursprünglich
volkswirtschaftlich-strukturpolitische Dimension der Treuhandanstalt sei dann rein betriebswirtschaftlichen Kriterien gewichen; „nur
selten wurde saniert, was an verschiedenen Stellen durchaus sinnvoll
gewesen wäre", sagt Meckel.

Später dann, nach den großen Privatisierungen, kamen andere
Enttäuschungen hinzu. Meckels früherer Wahlkreis etwa war in der
Uckermark, wo auch die Stadt Schwedt liegt – bereits zu DDR-Zeiten ein bedeutendes Zentrum der petrochemischen Industrie. „Nach
der Wende wurden dort Milliardensummen investiert, aber die Steuern haben die Firmen weiterhin an ihrem Unternehmenssitz gezahlt,
nämlich im Westen."

Die Gemeinden vor Ort seien also praktisch leer ausgegangen.
Stattdessen hätte man festlegen sollen: Der Standort der Investition
ist auch der Ort, an dem die Steuern fällig werden. „Hier ging es um
klare finanzielle und strukturpolitische Eigeninteressen der alten
Bundesrepublik", konstatiert Meckel.

Der „Ausverkauf" der Heimat

Dass der Westen der Republik Milliarden und Abermilliarden auf-
brachte, um den Brüdern und Schwestern im Osten unter die Arme
zu greifen, führte im Osten nicht nur zu Begeisterung. Was im Westen vielfach als mangelnde Dankbarkeit interpretiert wird, hat allerdings einen nachvollziehbaren Grund: Dem Einkommenstransfer an

der Oberfläche stand ein Eigentumstransfer in den Tiefen der Gesellschaft mit umgekehrter Fließrichtung gegenüber.

Auch den organisierte die Treuhandanstalt. Schon bald gehörten zahlreiche ostdeutsche Immobilien in Bestlage und sonstige Ländereien westdeutschen Unternehmen oder Rechtsanwälten und Ärzten. Vielen Ostdeutschen erschien das wie der „Ausverkauf" ihrer Heimat. Über die nötigen finanziellen Mittel, um beim großen Reibach mitzumachen, verfügten sie nicht. Der Literaturwissenschaftler Dirk Oschmann hat mit seinem Buch „Der Osten: eine westdeutsche Erfindung" genau auf diese Tatsache aufmerksam gemacht: „In Leipzig gehören 90 Prozent des Wohneigentums Menschen aus dem Westen. Da finde ich es nicht abwegig, den Vergleich zur Kolonisierung zu ziehen."[1]

Die PDS als „therapeutische Partei"

Markus Meckel nimmt bis heute regen Anteil am politischen Geschehen, aktiv setzt er sich unter anderem für die deutsch-polnische Verständigung ein. Aber natürlich blickt er auch mit Sorge auf die rapide steigenden Zustimmungswerte für die AfD und auch das BSW in ganz Deutschland – ganz besonders im Osten. Parteien hätten dort bis heute einen schlechten Ruf, was zum einen an den damaligen Erfahrungen mit der SED liege. Aber eben nicht nur.

„Zu DDR-Zeiten war die CDU im Osten ja eine Blockpartei, aber kaum war die Mauer gefallen, wurden an der Spitze der DDR-CDU ein paar Leute ausgewechselt – und schon war eine ‚demokratische'

---

1   „Der kleine Bruder geht in den Knast, damit der große Bruder weiter Geschäfte machen kann." Im Gespräch mit Dirk Oschmann, Quelle: http://lernen-aus-der-geschichte.de/Lernen-und-Lehren/content/15500; zuletzt aufgerufen am 15. Oktober 2024.

Partei daraus geworden." Viele Male habe er im Bundestag erlebt, dass frühere Mitglieder der alten Block-CDU, vormals Funktionäre an der Seite der SED, die Abgeordneten der PDS wegen ihrer Vergangenheit beschimpften – die teilweise sogar aus dem Westen kamen, mitunter schwierige Positionen vertraten, aber eben nicht selbst SED-Mitglieder gewesen waren, erinnert sich Meckel: „Ich habe die PDS immer eine ‚therapeutische Partei' genannt, denn sie hat denjenigen, die sich mit der parlamentarischen Demokratie schwertaten, in ebendieser Demokratie einen legitimierten Ort gegeben und sie daran gewöhnt."

Inzwischen würden sich die Protestwähler, die ihre Stimme einst der PDS gaben, eher bei der AfD und dem BSW wiederfinden – „obwohl sie nicht darauf reduziert werden sollten". Man stelle sich vor, die ostdeutschen Bundesländer wären heute ein eigenständiger Staat: „Dann wäre die Lage vermutlich ähnlich wie im Ungarn von Viktor Orbán oder wie jüngst noch in Polen mit der PiS-Partei." Eine komplexe Gemengelage, für die es keine einfachen, keine eindimensionalen Erklärungen und erst recht keine einfachen Lösungen gibt.

Die fundamentalen Ost-West-Unterschiede

Wahrscheinlich hat man es daher auch gar nicht bloß mit einem Problem Ostdeutschlands zu tun. Der bulgarische Politikwissenschaftler Ivan Krastev etwa versucht seit Jahren vergeblich, dem europäischen Westen das Problem zu erklären. Die osteuropäischen Staaten unterscheiden sich Krastev zufolge von den westlichen insbesondere auch dadurch, dass sie in den 1960er und 1970er Jahren keine tiefgreifende Liberalisierung ihrer Gesellschaften erlebt haben. Das Jahr 1968 macht einen erheblichen mentalitätsgeschichtlichen Unterschied mit langfristigen Folgen.

Es gab im Osten keine Studentenproteste, keine großen Friedens-
demonstrationen, keine sexuelle Revolution, nicht die Gründung
einer grünen Partei und auch keine Protestmärsche gegen die Statio-
nierung von Langstreckenwaffen. Der Westen Europas hingegen erlebte unter hegemonialer Führung der USA seit dem Zweiten Weltkrieg Schritt für Schritt die Wiederherstellung der Globalisierung.

Die Wirtschaft wuchs, die Wohlfahrtsstaaten wurden ausgebaut.
Die Arbeitsmigration gewann als Instrument der Wohlstandssicherung
einen immer größeren Stellenwert – und damit einhergehend auch die
Integration ausländischer Fachkräfte. Auslandsurlaube häuften sich,
der Begriff der Nation verlor in einem zusammenwachsenden Europa
immer mehr an Bedeutung. Spätestens mit dem Jahr 1986 trat die alte
Bundesrepublik mit dem „Historikerstreit" in ein Stadium „postkon-
ventioneller Identität" (Jürgen Habermas) ein. Der Begriff der Nation
als Identifikationsmerkmal wurde immer mehr vom „Verfassungspat-
riotismus" mit seiner „politischen Kultur des Westens" abgelöst.[2]

Die Revolutionserfahrung

Schritt für Schritt veränderte die Bundesrepublik so ihr Gesicht – in
kleinen, für alle erträglichen Dosen. Als dann der Ostblock zusam-
menbrach, war der Westen Deutschlands kulturell bestens auf eine
neue Stufe der Globalisierung vorbereitet. Es sollte ja nur intensiviert
werden, was ohnehin schon alle irgendwie kannten. Also noch mehr
wirtschaftliche Verflechtung, noch mehr europäische Integration, noch
mehr Weltoffenheit und noch mehr Liberalismus. Das galt zumindest
in den städtischen Metropolen. Dort, wo die Entscheider sitzen.

---

2   Jürgen Habermas, Apologetische Tendenzen, in: ders.: Eine Art Schadensab-
    wicklung, Frankfurt am Main 1987, S. 120–136, S. 135.

Von all dem wusste der Osten zum Zeitpunkt der Wende nichts, er war eine durch und durch konventionelle Gesellschaft. Nicht Weltoffenheit, sondern Sicherheit, Ordnung und Überschaubarkeit waren die Devisen – und sind es im Grunde bis heute. Zumindest aus der Perspektive westdeutscher Eliten leidet Ostdeutschland daher unter einem kulturellen Modernisierungsrückstand. Wenn die Differenzierung zwischen weltoffenen Liberalen und traditionalen Konservativen überhaupt einen analytischen Wert hat, dann zur Beschreibung dieser innerdeutschen Mentalitätsunterschiede. Im Grunde verläuft die Grenze zwischen Ost- und Westeuropa zumindest in dieser Hinsicht mitten durch Deutschland.

Es sind also nicht wirtschaftliche Probleme, die das politische Auseinanderdriften von Ost und West erklären. Es gibt keine Massenarbeitslosigkeit mehr. Die Löhne steigen, die Ostrenten sind an die des Westens angeglichen. Weil das Fressen gesichert ist, rücken zunehmend wieder Fragen der Moral und der politischen Identität in den Vordergrund. Denn es gibt etwas Zweites, das den Osten vom Westen unterscheidet: die Erfahrung einer politischen Revolution, ein Bewusstsein von der selbst erkämpften Freiheit. Man kann dieses tief verankerte Gefühl kaum überschätzen.

Sensible Freiheitsantennen

Der Westen der Republik hingegen kannte nur die militärische Niederlage und den Wiederaufbau unter den strengen Augen der Alliierten. Er wurde behutsam hineinsozialisiert in die Demokratie. Im Osten war das anders. Auf eine jahrzehntelange Einschränkung der Meinungs- und politischen Freiheit folgte in ganz Osteuropa die Selbstermächtigung zum politischen Bürger im besten Sinne des Wortes. Die „Wende" wird dort nicht nur als der Neubeginn der Demokratie, sondern vor allem als die Wiederherstellung von Freiheit und Selbstbestimmung verstanden.

Gerade deshalb reagieren „Ossis" so sensibel und gereizt auf Versuche, die Grenzen des Sagbaren enger zu ziehen, auf staatliche Erziehungsversuche und medial vermittelte Meinungskorridore. Während Euro- und Flüchtlingskrise ostdeutsche Erwartungen an staatlich organisierte Sicherheit und Ordnung enttäuschten, führte die Coronapandemie zu Freiheitseinschränkungen, von denen nicht einmal Walter Ulbricht und Erich Honecker zu träumen wagten.

Jener Staat, der sich über Jahre hinweg als unfähig erwies, gesellschaftliche Probleme zu lösen, langte in Sachen Unfreiheit bei seinen eigenen Bürgern umso entschlossener hin. Parallel dazu formierte sich der mediale Sektor nicht selten zu einer gleichförmigen Erziehungsmaschine. Wer dieser im öffentlichen Raum entgegentrat, hatte mit sozialen Konsequenzen zu rechnen. Daran werkelte auch die Regierung selbst kräftig mit.

Das lässt sich einem ausdrücklich als „Verschlusssache" und damit gemäß „Verschlusssachenanweisung" des Bundesinnenministeriums geheimen Papier[3] der Bundesregierung vom April 2020 entnehmen. Darin wurde angeregt, in der öffentlichen Kommunikation künftig nicht mehr auf die „Fallsterblichkeitsrate" Bezug zu nehmen. Die war so niedrig, dass sich dadurch keine Panik in der Bevölkerung erzeugen ließ. Stattdessen sollte zu anderen Methoden gegriffen werden. Die eindeutig ausgesprochene Absicht: Es müsse darum gehen, „die gewünschte Schockwirkung zu erzielen". Künftig solle die Regierung vermitteln, dass „viele Schwerkranke" nur deshalb „qualvoll um Luft ringend zu Hause" sterben müssten, weil es zu viele Infizierte

---

3   Siehe Paragraf 2 „Allgemeine Verwaltungsvorschrift zum materiellen Geheimschutz (Verschlusssachenanweisung – VSA)", Quelle: www.verwaltungsvorschriften-im-internet.de/bsvwvbund_13032023_SII554001405.htm;   zuletzt aufgerufen am 15. Oktober 2024.

gebe. Und weiter: „Das Ersticken oder nicht genug Luft kriegen ist für jeden Menschen eine *Urangst.*" Außerdem empfahl man, Kinder gegen ihre Eltern und Großeltern in Stellung zu bringen. Wenn diese „bei den Nachbarskindern" zum Spielen gingen, könnte man das Szenario kommunizieren, dass der Tod der Eltern ihre persönliche Schuld sei. Erst die durch die Kinder erzeugte Ansteckung hätte dann dafür gesorgt, dass die eigenen Eltern „qualvoll zu Hause" sterben mussten. Das würde bei den Kindern das Gefühl erzeugen, schuld „daran zu sein, weil sie z. B. vergessen haben, sich nach dem Spielen die Hände zu waschen". Die Autoren dieser Passagen glaubten, einen Treffer ins Schwarze gelandet zu haben: Solche Schuldgefühle seien nämlich „das Schrecklichste, was ein Kind je erleben kann".[4]

Dass das Geheimpapier kein Fake war, wurde nach dessen Enthüllung ganz offiziell bestätigt. Auch stellte sich heraus, dass die Regierung an dessen Erarbeitung mehrere externe Wissenschaftler beteiligt hatte. Das alles war also kein Ausrutscher, sondern ernst gemeint. Dass es letztlich nicht zur Umsetzung kam, dürfte allein der Veröffentlichung des Papieres durch ein Recherchenetzwerk und einem entsprechenden öffentlichen Aufschrei zu verdanken sein.

Die „Sächsische Längsschnittstudie"

Wie hat sich die Einstellung der Menschen, die in der DDR geboren wurden und die den Fall der Mauer bewusst erlebt haben, über die Jahrzehnte eigentlich verändert? Blicken sie mit Nostalgie auf ihre

---

4   Ausdrücklich sei dem Leser empfohlen, das fragliche Papier vollständig zur Kenntnis zu nehmen: Bundesministerium des Innern und für Heimat (2020): Wie wir COVID-19 unter Kontrolle bringen, Quelle: https://fragden- staat.de/ dokumente/4123-wie-wir-covid-19-unter-kontrolle-bekommen/; zuletzt aufgerufen am 13. Juli 2023.

einstige Heimat zurück? Fühlen sie sich immer noch als „DDR-Bürger" – oder mehr als „Gesamtdeutsche"? Sehen sie in der Wiedervereinigung einen Glücksfall der Geschichte – oder trauern sie dem Sozialismus hinterher? Dass es auf diese Fragen valide Antworten gibt, verdankt sich der Arbeit des Leipziger Sozialwissenschaftlers Peter Förster, der von 1966 bis 1990 am Zentralinstitut für Jugendforschung der DDR tätig war und noch vor der Wende eine umfangreiche Erhebung initiierte, die bis heute von seinen Nachfolgern am Laufen gehalten wird: die „Sächsische Längsschnittstudie".

1987 wurden dafür erstmals mehr als 1400 Schülerinnen und Schüler der achten Klasse an 41 Schulen in Leipzig und Karl-Marx-Stadt (heute Chemnitz) beispielsweise zur Identifikation mit dem politischen System der DDR oder zu ihrem Interesse an Politik befragt. Dieselbe Gruppe – also allesamt Menschen, die im Alter von etwa 16 Jahren die Wende aus östlicher Perspektive erlebten und die heute um die 50 sind – ist später in regelmäßigen Abständen immer wieder gebeten worden, Auskunft über ihre Befindlichkeit zu erteilen (zum vorerst letzten Mal im Jahr 2022).

Die Sozialismusnostalgie

Die Ergebnisse sind äußerst bemerkenswert, weil sie ein teilweise sehr widersprüchliches Bild abgeben. So antworteten beispielsweise im Jahr 1990 bereits 73 Prozent der Teilnehmer auf die Frage, wie sie „zur Vereinigung von DDR und BRD" stünden, mit Zustimmung. 2020 war dieser Wert („sehr dafür" und „eher dafür") sogar auf 93 Prozent gestiegen. Eine überwältigende Mehrheit steht also hinter der Wiedervereinigung, Tendenz während der ersten drei Jahrzehnte deutscher Einheit (von ein paar zwischenzeitlichen Dellen abgesehen): stetig steigend.

Seltsam allerdings, dass etwa ein Fünftel der Befragten im Verlauf der Jahrzehnte der DDR gewissermaßen die Treue gehalten hat: Im Jahr 2000 antworteten 19,1 Prozent, sie seien „eher nicht" froh, dass es die DDR nicht mehr gebe; 20 Jahre später lag dieser Anteil praktisch unverändert bei 19,2 Prozent.

Auch interessant sind folgende Zahlen: Im Jahr 2004 gab eine Mehrheit von 70 Prozent der Befragten an, dass sie den Sozialismus als eine „gute Idee" ansähen; bei der jüngsten Befragungswelle war der Anteil zwar auf 48 Prozent zurückgegangen – womit aber immer noch fast die Hälfte aller Befragten dem Sozialismus grundsätzlich eher positiv gegenübersteht. „Hier zeigt sich ein vertrautes Muster", sagt Hendrik Berth, der die „Sächsische Längsschnittstudie" heute an der Technischen Universität Dresden federführend betreut: „Man erinnert sich an das Gute, man erinnert sich an seine Jugend – und daran, dass das Leben eben auch unter DDR-Bedingungen durchaus seine schönen Seiten hatte." Und wenn man speziell nach dem Sozialismus frage, „denken viele Leute auch an die positiven Sachen, die sie damit verknüpfen", so der habilitierte Psychologe.

Die ostdeutsche Doppelidentität

Tatsächlich lassen die Studienergebnisse auf eine Doppelidentität der Befragten schließen: Seit 1990 fühlt sich ein ganz überwiegender Anteil (im Wesentlichen zwischen 80 und 90 Prozent schwankend) sowohl als ehemalige DDR-Bürger wie auch als Bürger der Bundesrepublik. Allerneuesten Zahlen zufolge, die aus einer Erhebung vom Ende des vergangenen Jahres stammen, sieht sich zudem jeder vierte Ossi von Wessis immer noch als „Deutscher zweiter Klasse" behandelt; ein weiteres Drittel ist bei dieser Frage unentschieden.

„Eine nachvollziehbare Annahme, dass kurz nach der Wiedervereinigung die Identität als DDR-BürgerIn überwiegt und die staatsbürgerliche Identifikation mit der Bundesrepublik erst im Laufe der Jahre heranwächst, kann empirisch nicht bestätigt werden", heißt es in der Studie wörtlich. Und weiter: „Ebenso erstaunlich ist, dass die Selbstwahrnehmung als BürgerIn der ehemaligen DDR im Zeitverlauf mit zunehmendem Abstand zur Wiedervereinigung nicht abnimmt", sondern diese bei 91 Prozent noch vorhanden sei.

Fazit: Eine Doppelidentität sei der „Normalzustand". Hendrik Berth geht sogar davon aus, dass die „DDR-Identität" von einer Generation an die nächste weitergegeben wird – also auch an diejenige Alterskohorte, die bereits im wiedervereinigten Deutschland geboren wurde: „Es ist ja so, dass das zu DDR-Zeiten Erlebte in den Familien besprochen wird und auf diese Weise weiterlebt."

Der demografische Aderlass

In gewisser Hinsicht ist der Osten also noch immer nicht im Westen angekommen. Dabei wird er an einer nachholenden, auch kulturellen Modernisierung kaum vorbeikommen. Andernfalls droht sein wirtschaftlicher Absturz. Während die Chancen für die junge Generation heute größer sind als jemals zuvor, könnte es in Ostdeutschland zur wirtschaftlichen Schrumpfung kommen – als Echoeffekt der einbrechenden Geburtenzahlen nach der Wende.

Jahr für Jahr werden zu wenige Menschen auf den Arbeitsmarkt nachrücken, Jahr für Jahr wird die Fachkräftelücke weiter anschwellen – und zwar in weit größerem Umfang als in Westdeutschland. Diejenigen, die im Wendeschock nicht geboren wurden, stehen heute als junge Fachkräfte auch nicht zur Verfügung. Damals reduzierte sich die Geburtenzahl praktisch von einem Tag auf den anderen um mehr als 50 Prozent.

Der demografische Aderlass war sogar größer als durch den Zweiten Weltkrieg. In den ersten Jahrzehnten nach der Wende war der ökonomische Hemmschuh zu wenig Kapital, jetzt sind es zu wenige Menschen. Lösen lässt sich das Problem nicht durch weitere Almosen des Westens. Erforderlich wäre vielmehr eine Modernisierungsstrategie, die sich mit Macht um das Problem des Fachkräftemangels kümmert.

Eine geistige Neugründung der Republik

Und ohne gezielte Zuwanderung wird sich das kaum bewerkstelligen lassen. Die Ossis werden sich also entscheiden müssen: Wollen sie unter sich bleiben, wird dies mit der Gefahr des wirtschaftlichen Rückschritts verbunden sein. Wollen sie wirtschaftlich weiter zum Westen aufschließen oder zumindest nicht zurückfallen, müssen sie sich für die Welt öffnen. Die junge Generation Ostdeutschlands bringt die dafür erforderlichen mentalen Voraussetzungen eigentlich bereits mit. Aber auch die könnten wieder versiegen, wenn man der Bevölkerung eine ungesteuerte Flucht- und Armutsmigration weiterhin als Anhebung des Fachkräftepotenzials verkauft.

Die bloße Übertragung des westlichen Way of Life auf den Osten ist dabei nicht sonderlich erfolgversprechend und hat seit der Wende nicht richtig funktioniert. Hinzu kommt, dass sich auch zunehmende Teile Westdeutschlands unter Liberalität und Weltoffenheit etwas anderes vorstellen als die Unfähigkeit des Staates zur politischen Steuerung. Auch dort sind immerhin 40 Prozent unzufrieden damit, wie unsere Demokratie derzeit funktioniert. Nicht nur der Osten entfernt sich also vom Leitbild des Westens, auch große Teile des Westens selbst tun es. Da passt es ins Bild, dass die Führungskräfte der AfD überwiegend aus dem Westen stammen – und nicht aus dem Osten.

Eigentlich bräuchte es daher einen historischen Kompromiss, eine geistige Neugründung der Republik, um die in alle Himmelsrichtungen auseinanderstrebenden Teile beisammenzuhalten. Von allein jedenfalls werden die politischen und kulturellen Spaltungen der Gesellschaft nicht verschwinden. Eine Kombination der schon allein aus wirtschaftlichen Gründen erforderlichen Liberalität und Weltoffenheit mit klaren Ordnungsvorstellungen, die vom Staat garantiert werden, könnte die Grundlage dafür sein. Damit würde sich der Osten nicht einfach bloß in den Westen integrieren, sondern der Westen sich auch auf den Osten zubewegen. Nötig sind dafür allerdings die Bereitschaft zum Kompromiss und freie Diskursräume als echte Aushandlungsstätten der Demokratie.

Der Stolz auf die Montagsdemonstrationen

Die Wende? „Das war damals so ein überwältigendes Gefühl von Freiheit!" Wolfram Ackner – inzwischen Anfang 50 und Familienvater – erinnert sich gern an damals. Wir sitzen im Garten seines Reihenhauses in einem Leipziger Randbezirk, Ackner hat draußen Gulasch auf einem selbst gebauten Ofen zubereitet. Für ihn als Schweißer ist Ofenbau die leichteste Übung. Kürzlich hat er einen stählernen Mikrofonständer für eine Heavy-Metal-Band angefertigt, das Ding erinnert ein bisschen an ein urzeitliches Reptil.

Er ist selbst eingefleischter Heavy-Metal-Fan und bezeichnet sich leicht ironisch als „Proll", weil er auf dem Bau arbeitet. Tatsächlich entspricht Ackner aber mehr dem Typ des Arbeiterintellektuellen: Auf Facebook kommentiert er das politische Geschehen regelmäßig mit beißender Ironie, gelegentlich veröffentlicht er auch Beiträge im Internet.

1989 war er bei den Leipziger Montagsdemonstrationen dabei, „da haben uns die Polizisten durch die ganze Stadt gejagt mit den Knüppeln". Ackner war damals 19 Jahre alt, hin- und hergerissen zwischen Mut, Draufgängertum und Angst, „und als wir in der Innenstadt auf dem Augustplatz ankamen, habe ich noch nie in meinem Leben solche Menschenmassen gesehen". Es sei ein überwältigendes Gefühl von Stolz und Erleichterung gewesen, „weil du wusstest, wir sind einfach viel zu viele, als dass die wirklich was gegen uns machen können".

Bei der Politik endet der Spaß

Und dann die Wochen und Monate nach den großen Demos, als der Dirigent Kurt Masur ins Gewandhaus zu politischen Diskussionen einlud: Da waren Leute aus der DDR-Nomenklatur, die sich das erste Mal ernsthaft Diskussionen stellen mussten, genauso vertreten wie einfache Bürger. „Alle gingen hin und wollten diskutieren, die ganzen Verkrustungen waren über Nacht aufgebrochen, es herrschte fast eine Art Anarchie."

Wolfram Ackner hat seine neu gewonnene Freiheit in den Jahren nach der Wende in vollen Zügen genutzt: Mit Freunden fuhr er im Zug durch Europa, verbrachte etliche Monate in Südafrika – um danach den Kontostand durch Überstundenmaloche auf dem Bau wieder aufzufüllen. Noch immer steht er morgens um halb fünf auf, trotz mieser Konjunktur geht die Arbeit nicht aus. Mit dem Geld kommt er einigermaßen über die Runden, auch wenn bei drei schulpflichtigen Töchtern und einem einfachen Gehalt am Ende des Monats nicht viel übrig bleibt. Aber Jammern ist sein Ding nicht, er blickt grundsätzlich mit Humor auf die Welt.

Nur wenn es um Politik geht, schwillt ihm mitunter der Kamm. Begonnen habe das damals mit der Pleite von Lehman Brothers und der großen Finanzkrise im Jahr 2008, als etliche Banken mit Steuergeld gerettet werden mussten und später dann auch noch der griechische Staatshaushalt. „Da fing das bei mir an mit der Unzufriedenheit, weil ich immer mehr das Gefühl hatte, von der Politik nicht ernst genommen zu werden."

Anstatt den Menschen zu sagen, was Sache ist, sei die Notlage permanent heruntergespielt worden: „Für mich wäre es kein Problem gewesen, wenn die Bundesregierung klar verkündet hätte, dass es nur die Wahl zwischen mehreren schlechten Optionen gibt." Stattdessen aber seien die Bürger mit hohlen Phrasen traktiert worden – wie später in der Flüchtlingskrise auch. „Und als jemand, der in der DDR aufgewachsen ist, habe ich einfach einen besseren Bullshit-Detektor als die Leute im Westen."

Ackner wurde Mitglied der neu gegründeten AfD, als diese noch eine „Professorenpartei" war, „weil ich es toll fand, dass da eben nicht alles als alternativlos hingestellt wurde". Lange blieb er nicht dabei, weil zunehmend Leute hinzukamen, die „dumpfes, rechtes Gebrabbel" von sich gegeben hätten: „Nichts Dramatisches, aber einfach unappetitliches, dummes Zeug." Trotzdem kommt er bis heute nicht damit klar, wie die meisten Medien und die etablierten Parteien mit der AfD umgehen.

Ähnliche Mechanismen wie in der DDR

Zum Beispiel im Juni 2023 nach der Landratswahl im thüringischen Sonneberg, bei der ein AfD-Kandidat das Rennen machte: „Wenn daraufhin der thüringische Verfassungsschutzchef verkündet, jeder fünfte Deutsche gehöre zum ‚braunen Bodensatz', dann ist das einfach nur noch lächerlich." Bei ihm auf dem Bau würden sicherlich die meisten Kollegen die AfD wählen, aber „das sind doch keine Nazis". Oder die Leipziger Antiislamdemos vor ein paar Jahren, bei denen er zwar nicht aktiv dabei war. Aber selbst miterlebte, wie auch friedliche Teilnehmer von angereisten Gegendemonstranten bespuckt wurden. „Das war wie ein Spießrutenlaufen."

Wolfram Ackner ist weit davon entfernt, die politische Situation im wiedervereinigten Deutschland von heute mit den Verhältnissen in der DDR gleichzusetzen. Aber manche Mechanismen würden ihn durchaus an damalige Zeiten erinnern. Gerade in der Nachwendezeit habe er sich nie als Ostdeutscher definiert, sondern immer als Deutscher. Heute sagt er: „Diesen positiven Patriotismus, den ich mal hatte, den haben sie mir gründlich ausgetrieben."

Wer heute allerdings auf die Idee kommt, die Bundesrepublik mit der DDR zu vergleichen, könnte in der 2021 neu eingerichteten Kategorie „Verfassungsschutzrelevante Delegitimierung des Staates" landen. So ist es dem ehemaligen Chef des deutschen Verfassungsschutzes Hans-Georg Maaßen ergangen. In einem geheimen Vermerk zu seiner Person werden Vergleiche zwischen der heutigen politischen Realität und der DDR generell als extremistische Angriffe auf die Verfassung gewertet, weil hierdurch eine „Verharmlosung der diktatorischen Zustände in der DDR wie eine Verächtlichmachung der demokratischen Verfasstheit der Bundesrepublik" einschließlich ihrer „staatlichen Repräsentanten" eintrete.[5] Nach der Logik der Behörde gilt sogar Maaßens Tweet „Für mich ist die NZZ so etwas wie ‚Westfernsehen'" als Angriff auf die demokratische Grundordnung und nicht als Ausdruck der Ausübung des Grundrechts auf Meinungsfreiheit. Die Schlussfolgerungen der Behörde aus diesem einen

---

5   Bundesamt für Verfassungsschutz, Kurzvermerk zur Dokumentation des ausgeübten Entschließungsermessens vor der NADIS-Speicherung XXX, S. 45, 2023.

Satz sind so grotesk wie atemberaubend: „Damit wirft Maaßen den Regierungen in Bund und Ländern also vor, den in öffentlich-rechtlichen wie privatwirtschaftlich organisierten Medien betriebenen Journalismus zu steuern und zu zensieren – also sich in diktatorisch-totalitärer Weise der Medien zu bedienen. Diese Gleichsetzung der Zustände in der heutigen Bundesrepublik mit denen in der DDR lässt die heutige bundesdeutsche Demokratie fragwürdig erscheinen und spricht ihr ihren demokratischen Charakter ab, zudem verharmlost sie den autokratischen Diktaturcharakter der DDR."[6]

Der Verfassungsschutzrechtler Dietrich Murswiek warnt genau wegen solcher haltlosen Interpretationen vor den „Gummibegriffen" Delegitimierung und Verächtlichmachung: „Der Verfassungsschutz (…) verwechselt Kritik an der Regierung mit Kritik am Demokratie- und am Rechtsstaatsprinzip. (…) Im demokratischen Staat gehört es zum Wesen der Opposition, Kritik an der Regierung zu üben. Es ist das verfassungsrechtlich verbürgte Recht (…), alles zu kritisieren, was die Regierung macht – ob diese Kritik berechtigt ist oder nicht. Ob sie berechtigt ist oder nicht, entscheidet nicht der Verfassungsschutz, sondern das entscheidet jeder für sich, insbesondere an der Wahlurne."[7]

Was ist das eigentlich, eine „Verächtlichmachung"? Und wann genau wird sie erreicht? Bei jedem gelernten DDR-Bürger werden bei derartigen Vokabeln schlechte Erinnerungen wach. Nach dem Strafgesetzbuch der DDR in der Fassung vom 12. Januar 1968 galt als „Staatsverleumder", wer öffentlich „die staatliche Ordnung oder staatliche Organe, Einrichtungen oder gesellschaftliche Organisatio-

---

6 Ebd., S. 47.
7 Dietrich Murswiek, Verfassungsschutz. Wer delegitimiert hier wen?, Legal Tribune Online vom 24. November 2022, Quelle: www.lto.de/recht/hintergruende/h/verfassungsschutz-kritik-extremismus-delegitimierung-verfassung-bericht/; zuletzt aufgerufen am 13. Juli 2023.

nen oder deren Tätigkeit oder Maßnahmen (…) verächtlich macht oder verleumdet". Und die Dienstanweisung 2/71 der Staatssicherheit war ausdrücklich der „Bekämpfung der staatsfeindlichen Hetze" gewidmet. Die Entfremdung so manches Ostdeutschen von der politischen Kultur der Bundesrepublik findet auch in diesen Parallelen ihren Grund. Die Liberalität des Westens scheint dort ihre Grenze zu finden, wo nicht alle auf gewünschte Weise einer Meinung sind. „Ossis" verfügen mitunter nicht nur über einen sensiblen Bullshit-, sondern auch einen ähnlich ausgeprägten Unfreiheitsdetektor.

Die politische Integration des Ostens setzt auch im Westen die Bereitschaft zur Selbstbewegung voraus. Nur dann kann wirklich zusammenwachsen, was zusammengehört. Der Osten könnte dabei vom Westen lernen, dass eine globalisierte Welt nicht ohne ein vernünftiges Maß an Weltoffenheit auskommt. Und der Westen vom Osten, dass wahre Liberalität ohne einen eingriffsfähigen und -willigen Staat ebenso wenig denkbar ist wie ohne die Freiheit des Denkens.

Für immer zu spät?
Warum man in Westdeutschland die
Revolution neidet – und fürchtet

VON RALF HANSELLE

Aus der Rückschau betrachtet, klingt das Eingangszitat, das Helmuth
Plessner 1959 über die Einführung in sein Hauptwerk „Die verspä-
tete Nation" gestellt hatte, mindestens doppeldeutig: „Was ich Ihnen
in abgerissener Kürze erzähle", heißt es da, aus Thomas Manns berühmte, Essay „Deutschland und die Deutschen" zitierend, „ist die
Geschichte der deutschen Innerlichkeit. Eines mag diese Geschichte
uns zu Gemüte führen, daß es nicht zwei Deutschland gibt, ein böses
und ein gutes, sondern nur eines, dem sein Bestes durch Teufelslist
zum Bösen ausschlug."

Zwei Deutschlands

Man mag es auf den ersten Blick für Begriffsstutzigkeit halten,
wenn man rückblickend darauf beharrt, dass es anno 1959, im Er-
scheinungsjahr von Plessners „Verspäteter Nation", durchaus zwei
Deutschland gegeben habe: Das eine lag im Osten und nannte sich
in einmaliger semantischer Fehlleistung Deutsche Demokratische

Republik, das andere befand sich weiter westlich und war zehn Jahre vor Erscheinen von Plessners Buch als Bundesrepublik Deutschland gegründet worden. Das eine war, um Thomas Manns Vokabular aus dem Eingangszitat noch einmal zu bemühen, „das böse", das andere „das gute Deutschland". Dass derlei Bewertungen je nach Perspektive und Strandpunkt von beiden Seiten her funktionierten, versteht sich von selbst.

Natürlich, Plessner – wie auch schon zuvor Thomas Mann, der 1945, als er die eingangs zitierten Worte sprach, noch gar nichts von einem zweigeteilten Deutschland wissen konnte – ging es in seiner Feststellung nicht um die doppeldeutsche Existenz durch BRD und DDR. Beide spielten eher auf die grundsätzliche und jahrhunderte-alte Janusköpfigkeit deutscher Kultur an, auf eine faustische Vereinigung von Weltbedürftigkeit und Weltscheu, aus der heraus sich die nationale Seele in geradezu aufgeklärtem Erkenntnisdrang an einen voraufgeklärten Dämon verhökert hatte. Ein böser Geist, der für bei-de Autoren wie eine „latente seelische Epidemie" gewirkt und gera-dewegs in den Faschismus geführt hatte. Der Deutsche, für Thomas Mann war er „ein einsamer Denker und Forscher, ein Theolog und Philosoph in seiner Klause, der aus Verlangen nach Weltgenuß und Weltherrschaft seine Seele dem Teufel verschrieben hat".

Helmuth Plessner sollte sich dieser Lesart des 17 Jahre älteren Schriftstellers anschließen. In weiten Teilen seines eigenen Denkens ging es dem Göttinger Soziologen fortan um die „Halbheit" deut-scher Geschichte, die Doppelnatur deutscher Politik und die Gespal-tenheit des deutschen Geistes. All das bildete für den Soziologen die Wurzel, aus der dann spätestens im 20. Jahrhundert der antiwest-liche Impuls sowie der Nationalsozialismus gekrochen kamen. Aus „innerer Unfertigkeit" heraus, so Helmuth Plessners wiederkehrende Argumentation, bediente sich der Deutsche „eines Kampfes gegen den politischen Humanismus der westlichen Welt". Indem er die aufgeklärte bürgerliche Entwicklung der Neuzeit nicht vollumfänglich mittragen und an die Stelle des modernen Nationalstaates weiterhin den mittelalterlichen Reichsgedanken setzen wollte, verortete sich der Deutsche quer zu den bürgerlichen Freiheiten der Zeit. So blieb er der Gefangene seiner eigenen Halbheit: Halb diente er sich der Westernisierung an, halb kämpfte er mit dem zweiten Seelenanteil gegen diese an.

War es also nicht vielleicht genau das, was „anders mit den Deutschen" war und was sie unfähig gemacht hatte, ein Geschichtsbild zu finden, das „auf die Dauer Identität und Selbstbewusstsein der Nation verbürgt", wie es der Historiker Hagen Schulze später formulieren sollte? War es nicht genau dieses „zwei Schritte vor und zwei zurück", dieser stehende Sturmlauf auf dem deutschen Sonderweg, den auch Plessner in diesem „altertümlich-neurotischen Untergrund" seiner Landsleute ausgemacht haben wollte? Der freiheitsliebende Umstürzler, wie er im 17. und 18. Jahrhundert vor allem in Frankreich, England oder den USA die Bühne der Weltgeschichte betreten hatte und der dann in den modernen Verfassungsstaat führen sollte, zeigte sich in der Mitte Europas allenfalls in der Figur eines „konservativen Revolutionärs". Verkörpert wurde diese revolutionäre Zögerlichkeit in historischen Gestalten wie Bismarck oder zuvor bereits Martin Luther. Letzterer war, in den Worten Thomas Manns, die „Inkarnation deutschen Wesens". Mit seiner Ablehnung des Bauernaufstandes etwa habe er bereits früh der „ersten deutschen Revolution" im Wege gestanden.

Es ist dieser Riss durch die nationale Seele, die Plessner mit seinem Eingangszitat im Sinn gehabt haben muss, wenn er mit Thomas Mann auf die Existenz eines Deutschlands im Singular pochte. All die Abgründe und Verbrechen auf dem „langen Weg nach Westen", sie waren eben nur die zweite Seite ein und derselben Medaille. Beide Seiten bildeten ein Land, „dem sein Bestes durch Teufelslist zum

Bösen ausschlug". Und doch: In der spätestens 1949 einsetzenden deutschen Teilung schien dieser innere Zwiespalt über mindestens 40 Jahre hinweg eine interessante äußere Form gefunden zu haben.

Somit galt jene „Verspätung", die Plessner in seiner historischen Rückschau in Weimar und in der ehemaligen Reichshauptstadt Berlin ausgemacht hatte, letztlich auch immer für die Bundesrepublik. Denn hatte man nicht den Staffelstab notgedrungen einfach weitergereicht bekommen? Und war somit nicht auch Bonn zunächst und vor allem ein Wagnis – stets in Gefahr, dass auch diesmal der Freiheitsdrang, der sich hier zunächst wohl eher aus Gedrängtwerden durch die Westalliierten ergeben hatte, am Ende wieder nur auf innere Unfreiheit hinauslaufen könnte? Zwar war Hannah Arendts Feststellung, nach der der Faden der Geschichte nach den unermesslichen Verbrechen des Totalitarismus für immer gerissen sei, richtig; ebenso galt aber auch weiterhin, was Thomas Mann in seiner Rede über „Deutschland und die Deutschen" seinen Landsleuten ins Stammbuch geschrieben hatte: Auf die Frage nämlich, warum der Freiheitsdrang in Deutschland am Ende immer auf ein Attentat auf die Freiheit selbst herauslaufen könne, lautete Manns bestechende Antwort: „Der Grund ist, daß Deutschland nie eine Revolution gehabt und gelernt hat, den Begriff der Nation mit dem der Freiheit zu vereinigen."

Geschenkte statt erkämpfte Demokratie

Diese fehlende Revolution also war es, die auch nach 1945 weiterhin wie eine offene Wunde im deutschen Selbstverständnis war. Während der deutsche Vormärz mit seinem „Ludergeruch der Revolution" (Friedrich Wilhelm IV.) in der Festung Rastatt vor preußischen Truppen kapitulieren musste und der Novemberrevolution

von 1918 noch heute als allenfalls „stecken gebliebene Revolution"
gedacht wird, kam auch die Freiheit nach 1945 nur als eine Befreiung von außen – und somit ohne inneren Sieg daher. Sie war daher bar jenes revolutionären Moments, in dem laut Hannah Arendt
„der Wunsch nach Befreiung, also frei zu sein von Unterdrückung,
endet und der Wunsch nach Freiheit, also ein politisches Leben zu
führen, beginnt".

Doch die forthin zur „geschenkten Demokratie" herunterge-
drosselte Bonner Republik war selbst aus Sicht der ehemals Beschen-
kenden – der Amerikaner, Briten und Franzosen – lange Zeit Risiko
und Herausforderung geblieben. Die Wende nach 1945, sie sollte
von den Deutschen die „Überwindung tiefsitzender antiwestlicher
Vorurteile" bedeuten. Schon im Potsdamer Abkommen wurde die
Demokratisierung Deutschlands daher als eine gemeinsame, ebenso
aber auch als ferne Zukunftsaufgabe beschrieben, wie der deutsch-
amerikanische Historiker Konrad Jarausch noch über 60 Jahre später
festgestellt hatte: „Die Vorbereitung der ‚endgültigen Umgestaltung
des politischen Lebens Deutschlands auf demokratischer Grundlage'
blieb ein problematischer Formelkompromiss", so Jarausch in seinem
Buch „Die Umkehr". „Wir wollen das deutsche Volk nicht erniedri-
gen", hatte General Eisenhower 1945 versprochen. Und: „Wir werden
euch helfen, euer Leben auf demokratischer Basis wieder aufzubau-
en." Doch war das Ankommen in der westlichen Demokratie mit
dieser im Unterholz prä-, ja arevolutionären deutschen Kultur überhaupt möglich? Litt das Land, wie es später Ralf Dahrendorf in „Gesellschaft und Demokratie in Deutschland" herausgearbeitet hatte,
nicht viel grundsätzlicher an einer „strukturellen Demokratieunfä-
higkeit"? Es galt jedenfalls weiterhin eine Warnung, die ein späterer
deutscher Außenminister einmal über Deutschland ausgesprochen
hatte: „In der Wiederkehr der Vergangenheit liegt das gegenwärtige
Risiko Deutschlands."

Folgt man Helmuth Plessner, dann waren zumindest alle vorangegangenen Versuche einer Bändigung gescheitert. Allenfalls in der Fantasie war Deutschland eine nachrevolutionäre Gesellschaft geworden: Der Vormärz, lediglich Revolution der Poesie, an der Dichter, Literaten und Gelehrte ihre politische Wirkungslosigkeit zur Schau gestellt hatten, und „die halbe Revolution von 1918", ein Scheitern auf halber Wegstrecke: Die Novemberrevolution, sie „vollendete sich, da die Gesellschaft von einer Revolution zwar getroffen, aber nicht gestürzt war, in der Welt der Vorstellung und der Einbildungskraft", schrieb der Soziologe noch 1962 in „Die Legende von den zwanziger Jahren", einem noch heute lesenswerten Aufsatz in der Zeitschrift *Merkur*.

Obwohl der Text eindeutig auf die Weimarer Republik gemünzt war, hatten spitzfindige Leser schon damals erahnt, welche halbrevolutionäre Gesellschaft da als Oberton im Diskursraum mitschwang: Fehlte es nicht auch der Bonner Republik letztlich an einer lange zuvor bereits unterlassenen Vollendung? Jürgen Habermas jedenfalls, der vermutlich wichtigste Stichwortgeber dieser zweiten deutschen Republik, sprach in Anbetracht des neuen Grundgesetzdeutschlands sicherheitshalber lieber von „postnationaler Identität" und „postnationaler Konstellation"; Begriffe, in deren administrativer Nüchternheit stets der Phantomschmerz der revolutionären Leerstelle mitschwingen konnte.

1968 als revolutionäre Ersatzhandlung

Keine sechs Jahre nach Plessners *Merkur*-Aufsatz aber sollte genau diese Revolution dann doch noch als quasi nachgeholter Exzess zur Wiedervorlage auf den Tisch kommen. Mit dem Jahr 1968 begann für viele in der Bundesrepublik ein nachholender Modernisierungsschub, wenn nicht eine „nachgeholte Revolution", wie zumindest einige der Protagonisten von damals noch heute behaupten. Für die damals Handelnden war die Sache klar: Mit den Demonstrationen und politischen Aneignungsformen von '68 holte man nach, was zuvor versäumt worden war. Es war eine „Art Nach- oder Umgründung der Zweiten Republik", wie Claus Leggewie noch 2002 in der Zeitschrift *Aus Politik und Zeitgeschichte* schwärmte, ein geglückter und „überfälliger Prozess politischer, sozialer und wirtschaftlicher Modernisierung". Während der amerikanische Historiker Robert Vincent Daniels ob der globalen Dimension der damaligen Ereignisse sogar von einer „heroischen Guerilla", ja von „Weltrevolution" sprach, stutzte Leggewie den Überschwang ein Stück zurück: „Man darf 1968 als eine glücklich gescheiterte Revolution charakterisieren, wenn man ihre beiden Schlagseiten nicht außer Acht lässt: Einerseits erwuchs dem antiautoritären Spontitum eine leicht aus dem Ruder gelaufene Militanz, auf der anderen Seite erweckte eine aufgeklärte Bürokratie die Illusion perfekter Organisation und rationaler Planung."

Fakt ist jedenfalls: Auch '68 vollendete sich mit Plessners Worten allenfalls „in der Welt der Vorstellung und der Einbildungskraft". Zwar brachten die Studentenproteste in der Folge ganz sicher einen Liberalisierungsschub, doch wenn man die Ereignisse als Revolution bezeichnen wollte, dann wohl im besten Fall als eine ästhetische: „You say you'll change the constitution / Well, you know we'd all love to change your head / You tell me it's the institution / Well, you know you better free your mind instead", hatten die Beatles mit „Revolution 1" die Stoßrichtung der vermeintlichen Jugendrevolution vorgegeben. Poprevolution also anstelle eines realen politischen Putsches – Esoterik statt Erneuerung; Underground statt Utopie. 1968, das war der endgültige Durchbruch von Massen- und Populärkultur, der Ruf nach sexueller und feministischer Befreiung, gewiss aber nicht die Neugründung einer Gesellschaft.

„Schon in den 50er Jahren konnten wir erleben, wie die heroische bürgerliche Erzählung der Revolte gegen die Lebenslüge in der Form des Rock ‚n' Roll und begleitender Kunstformen verstetigt und verallgemeinert wird", schrieb Diedrich Diederichsen, einflussreicher Musiktheoretiker und Redakteur der Zeitschriften *Sounds* und *Spex,* später über die revolutionäre Surrogaterfahrung dieser westlichen Pop- und Counter-Culture. Mochten alle Revolutionen zuvor also politisch gewesen sein, diese Revolution von '68 zielte einzig und vollumfänglich auf das Individuum.

Schon Helmuth Plessner übrigens hatte einige Jahre zuvor Ähnliches beobachtet. Mit Blick auf die künstlerischen Avantgarden der Weimarer Republik schrieb er von den „zornigen jungen Männern des Expressionismus und des Bauhauses, welche den politisch-ästhetischen Protest der Vorkriegsjahre um einen entscheidenden dialektischen Schritt voranbrachten. Ihr Radikalismus hätte jede Revolution begrüßt und doch zu keiner mehr gepaßt."

So blieb also die wirkliche Revolution aus oder verschob sich immer mehr in das Feld der semiotischen Oberflächen. Wieder einmal, möchte man sagen. Allenfalls auf symbolischer Ebene, im revolutionären Dresscode oder in den subversiven Strategien des „Rebell Sells", lebte das „Viva la revolución!" – dieser epochale Schlachtruf der modernen Gesellschaft – weiterhin fort. Doch in der zweiten Hälfte des 20. Jahrhunderts war er nicht mehr als eine rebellische Leerlaufhandlung, eine Pose, allenfalls eine Platte der Düsseldorfer Band „Die toten Hosen: „Wir wollten die Welt verändern / und liefen erst mal zum Friseur [...] Viva la revolución."

Die Nachgründung der Republik

In der „verspäteten Nation" war eben kein Platz mehr für ein wirklich nachholendes Revolutionsereignis. So hatte es zumindest den Anschein. Doch dann kam das Jahr 1989: Die Ereignisse in den Hauptstädten der friedlichen Revolution in der DDR – in Leipzig, Jena und Ost-Berlin – müssen bei aller Freude und Anteilnahme im Westen wohl auch so etwas wie Angst und Scham hinterlassen haben: Spätestens als am 9. Oktober 1989 gut 70.000 Menschen im Anschluss an das Montagsgebet in der Nikolaikirche über den Leipziger Ring gezogen waren und lautstark „Wir sind das Volk!" und „Keine Gewalt!" skandiert hatten, muss der Westdeutsche jenen Phantomschmerz wieder verspürt haben, der ihn an die ausgebliebene Initiation und den missglückten Übergang in die Welt der Moderne erinnern sollte. In einem geradewegs dialektischen Sprung hatte das eben noch „böse Deutschland" dem „guten Deutschland" die Show gestohlen. Ausgerechnet die Menschen im Osten – die, die die Liberalisierung der 1960er und 70er Jahre allenfalls durch den Machtwechsel von Ulbricht zu Honecker erlebt hatten – vollzogen nun jenes staatsgründende Ritual, dessen Abwesenheit im Westen oft verschämt unter den Teppich gekehrt worden war: Es war eben auf dem Ring in Leipzig und nicht bei Rock am Ring in der Eifel, wo sich selbst für den sonst so nüchternen Jürgen Habermas die „nachholende Revolution" ereignet hatte. Wie sonst hätte der Westen da reagieren sollen als mit Neid und Unterlassungsscham.

Denn diese friedliche Revolution in der damaligen DDR, sie war weit mehr als jene „Kopfbefreiung", von der die Beatles 30 Jahre zuvor auf ihrem „White Album" gesungen hatten. Was sich in Leipzig, Jena oder Karl-Marx-Stadt vor den Augen der Weltöffentlichkeit vollzogen hatte, das war eine selbstermächtigte Volksbefreiung. Jener Aufstand gegen innere wie äußere Unterdrückung, der 1953 in der

DDR noch gescheitert war und dem mit den Jahren 1956 (Ungarn-aufstand), 1968 (Prager Frühling) und 1980 (Kriegsrecht in Polen) so wenig ermutigende Beispiele an die Seite gestellt waren, war vollzogen. Thomas Mann hatte sich also allem Anschein nach geirrt: Mit dem 9. Oktober 1989 hatte es mit einem Mal tatsächlich zwei Deutschland gegeben: In dem einen blieb die Ankunft der immerzu verspäteten Nation in unentwegter Halbheit hängen, in dem anderen hatte man es gewagt, aus den unendlichen Determinismen der Geschichte auszubrechen. Im einen pflegte man seinen rheinischen Provinzialismus, im anderen war man qua Revolution zum Weltbürger und somit zum Kosmopoliten geworden. Die Nachgründung einer Republik, jener popkulturelle Mythos, den die 68er im kollektiven Bewusstsein festgebrannt hatten, sie meinte eben nicht die damalige Bundesrepublik; sie wurde ausgerechnet in der Deutschen Demokratischen Republik vollzogen – und zwar nicht als Vorstellung oder Fantasie, sondern als realer Aufstand gegen die Wirklichkeit, dem sich keine zwei Wochen nach dem 9. Oktober bereits 300.000 Menschen in Leipzig und immerhin 50.000 in Schwerin angeschlossen hatten.

Man mag im Nachhinein darüber streiten, ob nicht auch diese Revolution von 1989 letztlich eine unvollendete geblieben ist. Laut dem Bürgerrechtler Jens Reich hat die friedliche Revolution zumindest jene Ziele, über die sich alle einig waren, erreicht: „Einführung der Bürgerrechte und demokratischer Strukturen, Abschaffung der Gewaltjustiz und der politischen Justiz." Damit blieb man Hannah Arendts Definition von Revolution dicht auf den Fersen. Der Philosophin zufolge haben Revolutionen nämlich letztlich zwei Ziele: „den Wunsch zu befreien und der Freiheit eine neue Stätte zu gründen". Für unzählige Bürger im Osten war zumindest das erste Vorhaben Realität geworden. Im Gegensatz zur Rebellion, so Arendt, deren Ziel es sei, von unrechtmäßiger Herrschaft zu befreien, um „alte verbriefte Rechte" wieder einzusetzen, ziele die Revolution „ihrem Wesen nach auf Freiheit". Ein Ziel, das damals in der DDR hunderttausendfach geteilt worden ist.

Und die Gründung einer Heimstatt für ebendiese neue Freiheit? Am 17. Dezember 1989 führten Meinungsforscher aus der BRD und der DDR eine repräsentative Umfrage unter den Bürgern der damaligen DDR durch. Der zufolge waren 73 Prozent der Befragten für den Fortbestand einer souveränen DDR, lediglich 27 Prozent sprachen sich für eine Widervereinigung mit der Bundesrepublik aus. Schon damals hatte die Sehnsucht nach einem eigenen demokratischen Weg bei vielen Beobachtern Erstaunen, ja in Teilen auch Unverständnis ausgelöst. Denn man stelle es sich nur einmal vor – dieses Deutschland, welches es wider aller vorangegangenen Behauptungen Thomas Manns tatsächlich zweimal gegeben hätte: In dem einen hätte man Revolution gemacht, in dem anderen wäre man Erbfolger der verspäteten Nation geblieben. Ist es nicht vielleicht auch dieser aus westdeutscher Perspektive zum Glück verhinderte dialektische Sprung in Freiheit und Autonomie, der das Zusammenleben in dem einen und wiedervereinigten Deutschland zuweilen so schwer und so ambivalent erscheinen lässt?

Natürlich, folgt man den Tagestrends, dann scheint die konkrete Aneignung der Demokratie sowie ihrer Institutionen weiterhin Probleme zu bereiten. Laut einer Umfrage des Instituts für Demoskopie Allensbach etwa stimmten im August 2024 lediglich 38 Prozent der Ostdeutschen der Aussage zu, dass „die Demokratie, wie wir sie in der Bundesrepublik haben, die beste Staatsform ist" (im Westen waren es 74 Prozent). Bedenkt man indes, dass es im Jahr 1991 sogar nur 31 Prozent der Ostdeutschen gewesen sind, die dieser regelmäßig wiederkehrenden Aussage zustimmen konnten, so scheint man auch im Osten die mit dem Grundgesetz angebotene „Stätte der Freiheit", die man im August 1990 über den Beitritt nach Artikel 23 GG erstmals betreten hatte, immer mehr zu beziehen. Doch egal, wie die konkrete Form der Freiheitsstätte auch aussehen mag: Auf dem selbst gewählten Weg in die Freiheit und zum politischen Humanismus hat der „Ossi" dem „Wessi" für immer etwas Wesentliches voraus.

Mehr Polemik wagen? Zur Rezeption von Dirk Oschmanns Buch „Der Osten: eine westdeutsche Erfindung"

VON RENÉ SCHLOTT

Der Überraschungsbestseller des Jahres 2023 war ein äußerlich unscheinbares Buch von gut 200 Seiten. Der Band enthielt nicht eine einzige farbige Abbildung, nicht einmal das Cover bot einen Blickfang, sondern war schlicht in schwarz-weiß gehalten – allerdings mit einigen Grautönen. Auch mit dem Namen des Autors konnten die meisten Buchkäufer wohl nichts anfangen: Dirk Oschmann, Professor für Neuere deutsche Literatur an der Universität Leipzig. Allenfalls einige Leser der *Frankfurter Allgemeinen Zeitung* hatten den Namen „Dirk Oschmann" womöglich im Kopf behalten. Denn der Hochschullehrer hatte am 4. Februar 2022 in einem ganzseitigen Artikel in dem Blatt die These aufgestellt, dass *der* Westen *den* Osten „erfunden" habe, es also in der alten Bundesrepublik – auch und gerade in den von ihr dominierten Medien – ein verzerrtes, undifferenziertes Bild von den fünf „neuen" Ländern gebe. Im „Westen" sehe man den „Osten" stets als die Abweichung von der eigenen Lebensrealität, die auch mehr als 30 Jahre nach der Wiedervereinigung der Standard sei, an dem das (Wahl-)Verhalten der „Ossis" gemessen werde. Der Bildredakteur der *FAZ* hatte es sich nicht nehmen lassen, Oschmanns Beitrag mit einer Abbildung zu versehen, die in der Bildmitte das Wort „ZWEIFEL" in Versalien zeigt. Dennoch erregte Oschmanns radikaler Perspektivenwechsel die Aufmerksamkeit vieler Leser. Neben Kritik und Ablehnung gab es auch viel Zustimmung, sodass Oschmann sich auf Nachfrage eines Literaturagenten entschloss, aus dem Artikel ein Buch zu machen, das der Berliner Ullstein Verlag schließlich gut ein Jahr nach dem Erscheinen des viel diskutierten Artikels herausbrachte.

Ein Buch ohne Preise

Als der Band Ende Februar 2023 unter dem Titel „Der Osten: eine westdeutsche Erfindung" pünktlich zur wenige Wochen später stattfindenden Leipziger Buchmesse erschien, rechneten Autor und Verlag, nicht mit einem so großen Leserinteresse. Die erste Auflage war innerhalb kürzester Zeit verkauft. Das Buch schaffte es auf Anhieb in die Bestsellerlisten, wo es sich über Monate hielt, neun Wochen sogar auf Platz eins stand. Immer neue Auflagen wurden gedruckt, am Ende waren es 16. Mehr als 175.000 Exemplare wurden 2023 verkauft. Übersetzungen ins Polnische, Russische, Französische und Serbische folgten. Doch einen der zahlreichen Buchpreise erhielt Oschmann nicht. Der Deutsche Sachbuchpreis 2023 ging an einen etablierten Tübinger Professor, der schon länger im renommierten Münchener Verlagshaus C. H. Beck veröffentlicht. Sein Buch „Ein Hof und elf Geschwister" berichtet vom Wandel der bäuerlichen Lebenswelten in Westfalen. Eine provokante These enthielt der Band nicht. Mit Ewald Frie gewann die gepflegte Langeweile. Oschmanns meinungsstarkes Buch war von der (westdeutschen) Jury nicht einmal für den Preis nominiert worden.

Während Fries Buch von der Kritik einhellig positiv aufgenommen wurde und sich nicht nur, aber gerade auch auf dem westdeutschen Buchmarkt ebenfalls zu einem Bestseller entwickelte, stieß Oschmanns Band in den deutschen Feuilletons auf teils scharfe Kritik. Gerade jüngere Redakteure mit ostdeutscher Herkunft, so etwa Shootingstar Cornelius Pollmer in der *Süddeutschen Zeitung*, urteilten besonders harsch und lakonisch über die Thesen des Leipziger Professors. Im rauen, irrationalen Meinungsklima der Postcoronazeit ereilte auch Oschmann schnell der Vorwurf, er bediene den rechten Rand und sein Buch vertiefe die Spaltung zwischen Ost und West. Oschmann hielt dem entgegen, dass er die vorhandene Spaltung nur beschreibe, die im Übrigen vom Westen ausgehe und eben nicht vom Osten. Andere Journalisten versuchten Oschmann inhaltliche Fehler nachzuweisen, etwa beim „Dunkeldeutschland"-Zitat des früheren Bundespräsidenten Joachim Gauck.

Insbesondere in der vor allem staatlich finanzierten DDR-Aufarbeitungsszene stieß der „Newcomer" Oschmann auf scharfe Ablehnung. Forscher, die sich teils jahrzehntelang mit dem Verhältnis von Ost und West beschäftigten, ohne auch nur annähernd ein ähnlich großes öffentliches Echo wie Oschmann zu erfahren, reagierten teils mit persönlichen Angriffen und Beleidigungen. Ein wütender Berliner Historiker warf Oschmann vor, er habe ein „Wutbuch" verfasst. Der Regierungsberater und Soziologe Steffen Mau ließ sich im Hamburger Nachrichtenmagazin *Der Spiegel* nach einer öffentlichen Diskussion mit Oschmann mit der vermeintlich generösen Aussage zitieren: Er sei nach der persönlichen Begegnung ganz positiv überrascht, der Mann sei nämlich intelligenter als sein Buch.

Dessen ungeachtet aber fand Oschmanns Buch im Osten Deutschlands zahlreiche Käufer. Der Autor tourte teils im Tagesrhythmus auf Lesereise durch Berlin, Brandenburg, Mecklenburg-Vorpommern, Sachsen, Sachsen-Anhalt und Thüringen, traf auf volle Säle und begeisterte Leser – auch im Westen der Republik, etwa am 3. Oktober 2023 in der Frankfurter Paulskirche, und bei Veranstaltungen im europäischen Ausland, darunter in Amsterdam, Paris und Kopenhagen. Zu den Lesungen im Osten Deutschlands brachten viele Menschen regelrecht durchgearbeitete Exemplare mit zahlreichen Anstreichungen und Markierungen mit. Oschmann hatte einen Nerv getroffen. Menschen fanden sich und „ihre" Geschichte seit der Transformationszeit 1989/90 in seiner Darstellung wieder. Sein E-Mail-Postfach wurde mit Fanpost geflutet. Viele Menschen erzählten Oschmann in langen Mails und auf Dutzenden Lesungen „ihre" Geschichten.

Ein Autor mit Geschichte

Doch auch Oschmann selbst hat eine Geschichte, ohne die der Kontext seines Buches nicht erklärbar ist. 1967 im thüringischen Gotha geboren, wuchs er als Sohn nichtakademischer Eltern in einem Dorf in der Umgebung der einstigen Residenzstadt auf, das so nahe an der innerdeutschen Grenze lag, dass Oschmann mit Westradio und Westfernsehen groß und zumindest in medialer und musikalischer Hinsicht westlich sozialisiert wurde. Er sagte einmal, dass er damals zwar nicht im Westen, aber mit dem Westen gelebt habe. Die frühe Liebe zur englischen und US-amerikanischen Musik war der Grund für ihn, später Anglistik und Amerikanistik zu studieren. Seinem eigentlichen Berufswunsch Englischdolmetscher konnte Oschmann nach dem Abitur nicht nachgehen, weil dann zahlreiche Westkontakte und Auslandsreisen angestanden hätten, das DDR-Regime seine Herkunft und sein Elternhaus aber dafür für zu wenig systemtreu hielt. Zu Hause lernte Oschmann auch, dass bestimmte Dinge zwar in den eigenen vier Wänden, aber nicht in der Öffentlichkeit, etwa der Schule, sagbar sind – oder jedenfalls nicht ohne ernste Konsequenzen.

Nachdem der Traum vom Dolmetscherberuf geplatzt war, entschied sich Oschmann für ein Lehramtsstudium. 1986 ging er nach Jena, um Deutsch und Englisch zu studieren. An der Universität Jena erlebte er den Umbruch von 1989/90 und den kompletten Elitenwechsel im nun bundesdeutschen Wissenschaftssystem. Die alten Professoren verschwanden allesamt, und neue aus dem Westen besetzten die Lehrstühle. Für Oschmann erwuchsen damals neue, ungeahnte Möglichkeiten: Auf Einladung eines westdeutschen Uwe-Johnson-Forschers nahm er an einer Exkursion nach New York teil. 1992/93 studierte er in Buffalo, einer US-amerikanischen Stadt in Upstate New York nahe der kanadischen Grenze. Später führten ihn Gastprofessuren und Forschungsaufenthalte immer wieder in die USA.

Doch zunächst schloss er sein Studium in Jena ab und entschied sich für eine wissenschaftliche Karriere. 1998 erfolgte die Promotion, 2006 die Habilitation, und von 2005 bis 2011 war Oschmann zunächst Juniorprofessor an seiner Alma Mater. Danach wurde er nach Leipzig auf eine lebenslange Professur berufen, als einer von damals zwei Germanistikprofessoren in ganz Deutschland mit ostdeutscher Herkunft. Oschmann lernte an Beispielen aus seinem akademischen Umfeld nicht nur, dass die DDR als Forschungsgegenstand ein Karrierekiller sein kann, sondern auch, dass die DDR-Herkunft im wiedervereinigten Deutschland noch immer ein Makel ist.

Mit seinem überraschenden Bestseller aus dem Frühjahr 2023 wurde der Leipziger Professor, ein wenig charismatischer, kaum telegener Mann mit eher sprödem akademischen Auftreten, ungewollt zur „Stimme des Ostens", wie ihn die *Berliner Zeitung* einmal nannte. Es folgten zahlreiche Interviews und Medienauftritte bis hin zu Markus Lanz. Oschmanns Porträt schmückte plötzlich die Titelseiten des

Landes. Denn bei allem Widerwillen gegen die ungewohnte Rolle beherrscht Oschmann die Aufmerksamkeitsregeln einer von simplen Eigenlogiken geprägten und auf Konflikt und Apokalypse ausgerichteten deutschen Medienlandschaft: Aufmerksamkeit bekommt nicht der abwägende, differenzierende Diskutant, sondern derjenige, der zuspitzt und polemisiert. Aus dem Vorwurf macht Oschmann eine Tugend: Ja, er habe diese Polarisierung bewusst gesucht und mit seiner Schwarzmalerei provozieren wollen, weil sein Buch sonst eines von vielen unbeachteten Werken in der Ost-West-Diskussion geblieben wäre.

Ein Abend in Eisenach

Warum sich Oschmann, der sich als Wissenschaftler lieber lesend und schreibend zurückzieht, als in der Öffentlichkeit zu stehen, sich das dennoch antat, verrät er in einem öffentlichen Gespräch am Landestheater Eisenach Anfang des Jahres 2024: „Wer A sagt, muss auch B sagen", lautet der lapidare Satz, mit dem er sein Engagement begründet. Sein Buch hat etwas ausgelöst. Er müsse jetzt eine Verantwortung wahrnehmen.

Der Intendant des Theaters erzählt zu Beginn der Veranstaltung, dass es vonseiten der Stadt Widerstand gegen die Einladung an Oschmann gegeben habe. Menschen aus Politik und Verwaltung seien deshalb demonstrativ ferngeblieben. Oschmann kennt das. Auch Kollegen sind zu ihm auf Distanz gegangen. Neid ist eine feste Größe im akademischen Betrieb. Das einzige historische Buch, das Oschmann am Abend mehrfach erwähnt, ist der andere Ost-Bestseller des Jahres 2023: Katja Hoyers „Diesseits der Mauer". An diesem Samstagabend sitzen im Zuschauerraum mehr als 200 Menschen – Rentner und Studenten, Menschen aus Ost und West, Männer und Frauen, viele Paare. Anfangs betritt Oschmann die Bühne eher unwillig. Sein Blick ist nach unten gerichtet. Er ist niemand, der eine Bühne betritt und einnehmen will, wirkt zurückhaltend, in sich gekehrt, er ruht in sich, es drängt ihn nicht zum Sprechen, er kann zuhören – und entspannt sich geradezu bei der Musik, die ein Klavierspieler auf der Bühne in den Diskussionspausen zum Besten gibt.

Doch in Eisenach sind nicht nur Oschmann-Fans im Publikum. Es gibt auch kritische Rückfragen. Oschmann muss sich Vorwürfe gefallen lassen, sein Buch reiße nur alte Wunden auf und trage nichts Konstruktives bei. Der Autor reagiert selbstkritisch, ein Satz fehle im Buch: Er wolle den Osten nicht aus der Verantwortung nehmen, nicht nur der Westen sei für die Situation verantwortlich. Die Sympathie im Saal gehört schnell ihm. Gefragt nach der Charakterisierung der Ostdeutschen, antwortet Oschmann mit dem englischen Ausdruck, die Leute hier seien „down to earth", eben auf dem Boden geblieben, pragmatisch und zupackend. Das hört man in Eisenach gern. Für den Thüringer (und Fußballfan) Oschmann wird der Abend zum Heimspiel – mit Elementen einer akademischen Vorlesung.

Dass „der Osten" als abwertender Begriff schon eine lange ins 19. Jahrhundert reichende Vorgeschichte habe, erläutert er am Beispiel der rauchenden Fabriken, die wegen der Windverhältnisse oft im Osten der aufstrebenden Industriestädte angesiedelt worden seien. Schon in seinem Buch, das so undifferenziert gar nicht ist und erkennbar aus der Feder eines Geisteswissenschaftlers stammt, stellt Oschmann interessante kulturgeschichtliche Überlegungen zur Konnotation der Himmelsrichtungen an.

Manchmal aber verlässt Oschmann die Rolle des Dozierenden auf der Bühne. Seine Miene verdüstert sich, und man sieht ihm den Zorn an. Er wirkt stellenweise ernüchtert und desillusioniert. Im Zusammenhang mit den Landtagswahlen erwartet er eine neue Konjunktur der negativen Ostzuschreibungen als Abweichung von der

„Westnorm" – wie sich später zeigen sollte, nicht ganz zu Unrecht. Warum die Menschen in Sachsen, Thüringen und Brandenburg, die die Demokratie mehrheitlich schätzen, in Sorge sind, erklärt er mit deren Erfahrung von 1990: Der Osten bangt um seinen Wohlstand, weil er weiß, wie schnell er weg sein kann. Oschmann erinnert daran, wie sich die Sparguthaben im Osten bei der Währungsunion im Juli 1990 über Nacht halbierten oder nach der Wiedervereinigung zahlreiche Menschen im Osten ihre Häuser verlassen mussten, weil deren Alteigentümer Ansprüche anmeldeten. Manchmal überzieht er, etwa mit Blick auf die Kosten der deutschen Einheit. Damit werde der Westen endlich angemessen an den Reparationen für die Folgen des Zweiten Weltkriegs beteiligt, die bislang vor allem der Osten getragen habe.

Wie am Ende seines Buches formuliert Oschmann auch auf der Theaterbühne einen Appell, die „idiotische Binarität" von Ost und West endlich zu verlassen. Sie sei inzwischen zu einer echten Bedrohung der gesellschaftlichen Stabilität geworden. Im Diskurs müsse dringend umgesteuert werden, die Vielfalt im Osten müsse gezeigt, dessen Heterogenität unterstrichen werden. Der Osten sei eben kein „Block", sondern regional sehr unterschiedlich. Und warum nicht öfter mal ein Wandel in den eingefahrenen Sprecherpositionen, so Oschmann? Dazu gehöre, dass nicht nur Westdeutsche über den Osten schreiben dürfen, wie das schon tausendfach geschehen sei, sondern umgekehrt auch Ostdeutsche über den Westen. Das sei vermutlich der eigentliche Skandal an seinem Buch gewesen, dass ein Ostdeutscher sich selbst ermächtigt habe, über den Westen zu schreiben und zu urteilen. Oft gebe es das Missverständnis, Oschmann habe über den Osten geschrieben, aber sein Buch sei ausdrücklich eines über den Westen. Weder das Wort „Ostalgie" noch das Wort „Opfer" kommen darin vor. Es sei eben keine „Wohlfühlprosa". Auch bei seinen wenigen Lesungen in den alten Bundesländern, die haupt-

sächlich von Ostdeutschen besucht würden, die in den Westen gegangen seien, herrsche oft eine verstörte Betroffenheit.

Kämpferisch gibt sich Oschmann in Eisenach gegenüber denen,
die ihm das Recht, sich zu äußern, absprechen, seinem Anliegen die
Legitimität entziehen wollen, etwa mit dem Versuch, ihm Nähe zur
AfD zu unterstellen, oder mit dem Verweis darauf, dass er ja „nur"
ein Literaturprofessor ohne vertiefte Kenntnis der Thematik, kein
„Ost-Experte" sei. Der sonst so kontrollierte Oschmann wird emotional: „Es wird nicht gelingen, mich zum Schweigen zu bringen."

Als Oschmann um ein Schlusswort gebeten wird, endet er trotz
der detailreich konstatierten fatalen Lage der Nation optimistisch
mit einem simplen: „Es wird alles gut." Nach der Lesung bildet sich
im Theaterfoyer eine lange Schlange. Über eine Stunde nimmt sich
Oschmann danach Zeit fürs Signieren, fürs Fotografieren – aber vor
allem fürs Zuhören und Sprechen.

Ein Sturz und seine Folgen

Das Verhältnis des bekennenden Grünen-Wählers und passionier-
ten Bahnfahrers Oschmann zum gegenwärtigen Deutschland lässt
sich wohl am besten mit dem Titel seines vorletzten Buches beschreiben: „Freiheit und Fremdheit". Dieser Forschungsband zu den
Romanen „Der Verschollene", „Der Prozess" und „Das Schloss" von
Franz Kafka erschien 2021 in einem kleinen Schweizer Spezialverlag,
zwei Jahre vor „Der Osten: eine westdeutsche Erfindung". Oschmann
hat einmal erzählt, dass ihm ein befreundeter westdeutscher Autor
gesagt habe, man müsse seine beiden letzten Bücher eigentlich zusammen lesen. Sie bauten gewissermaßen aufeinander auf. Eine der
Kapitelüberschriften im Kafka-Band lautet „Fremdsein als Deplat-
ziertsein". „Deplatzierung" trifft sicher das Lebensgefühl vieler Men-

schen nach 1990 aus der früheren DDR. Und wie für Kafkas nach Amerika verschlagenen Protagonisten Karl Roßmann entpuppte sich auch für viele Ostdeutsche der Traum von der Freiheit als große Enttäuschung, als ein Weg voller Tücken, leerer Versprechungen und neuer Herausforderungen.

Oschmanns engagierte Ostintervention löste eine Flut an Neuerscheinungen zur Ost-West-Debatte aus. Zahlreiche Autoren wollten die Oschmann-Welle reiten – und scheiterten. Oschmanns schonungsloser Bestandsaufnahme wurden Wohlfühlbücher entgegengesetzt, etwa von *Tagesthemen*-Sprecherin Jessy Wellmer, die ihre ehrenwerte Absicht gleich in der Einleitung offenlegt: „Ich schreibe dieses Buch, um einen Beitrag zur Wiedervereinigung zu leisten." Oschmann-Kritiker verfassten darüber hinaus dezidierte „Anti-Oschmanns", Bücher, die im Westen und in den Feuilletons der westdeutschen Zeitungen viel gelobt wurden, aber lange nicht an die Verkaufszahlen von „Der Osten: eine westdeutsche Erfindung" heranreichten.

Im August 2024, also gerade rechtzeitig vor den ostdeutschen „Schicksalswahlen" in Sachsen, Thüringen und Brandenburg, erschien eine Taschenbuchausgabe von Oschmanns Bestseller mit einem neuen Vorwort. Doch wer eine Abrechnung des Autors mit seinen Kritikern erwartete, sah sich getäuscht. Ihnen hält Oschmann lediglich das Kafka-Zitat „Ein Buch muß die Axt sein für das gefrorene Meer in uns" entgegen. In dem kurzen Vorwort selbst geht er auf das gerade zurückliegende Grundgesetzjubiläum ein und nennt die Weigerung der Bundesrepublik 1990, eine gemeinsame Verfassung für das vereinte Deutschland zu verabschieden, die „Ursünde" des Einigungsprozesses. Ganz am Ende geht Oschmann kurz auf den Erfolg seines Buches ein, das, ganz der bescheidene Akademiker, „stärker wahrgenommen wurde" als andere und eine „breite Resonanz" erfahren habe, weil es genau die 30 Jahre später kam, die es oft brauche, bis ein Ereignis und dessen Folgen ins gesellschaftliche Bewusstsein eingegangen und aussprechbar seien.

Vom Eisenacher Optimismus enthält das Vorwort jedoch keine Spur mehr. Oschmann scheint nicht mehr derselbe. Denn wenige Tage nach seinem Auftritt in Eisenach hat der Autor einen Preis für sein rastloses Engagement gezahlt. Er stürzte bei einer Lesung im thüringischen Ilmenau von der Bühne und musste alle geplanten Auftritte der nächsten Monate absagen. Auch die Stimme spielte nicht mehr mit. Lange war von Oschmann nichts mehr zu hören und wenig zu lesen. Erst im August nahm er wieder erste öffentliche Termine wahr.

Aber sein Ton hat sich geändert: Die immer gleichen Debatten mit immer denselben Protagonisten scheinen ihn zu langweilen. Ernüchtert blickt er auf das destruktive Meinungsklima hierzulande, auf die Zweiteilung zwischen dem Zuspruch und der Dankbarkeit eines großen Publikums und den skeptischen medialen Protagonisten, die auf jede Abweichung im Meinungskorridor mit Abwehr reagieren und die ihre frühere Multiplikatorenrolle längst verloren haben oder diese allenfalls noch für ihr eigenes, enges und kleingeistiges Milieu beanspruchen können. Oschmann muss erkennen, dass sein Buch daran nichts geändert hat. Und auch seine anderen Forderungen, etwa die nach der Abschaffung des Ostbeauftragten oder der Schaffung einer Ostquote für Führungskräfte, verhallten ungehört. Doch gab es nach seinem Buch zumindest eine marginale Verschiebung im öffentlichen Diskurs über „Ostdeutschland"? An der einen oder anderen Stelle scheint Oschmann etwas bewirkt zu haben, aber Kommentare der alten bundesrepublikanischen Leitmedien à la „Oh, wie braun ist Thüringen" machen jeden Fortschritt im Ton zunichte.

Schon in Eisenach äußerte Oschmann die Hoffnung, dass der „Ausnahmezustand", in dem er sich nach der Veröffentlichung seines Buches befinde, irgendwann auch wieder enden werde. Und er kennt den Medienbetrieb gut genug, um zu wissen, wie kurzlebig eine plötzliche Prominenz sein kann. All das vor Augen, wandte sich Oschmann zuletzt wieder seinem alten Metier zu – in dem die Freiheit sein großes Thema bleibt. Ende September 2024 erschien bei Ullstein seine Werkschau zum größten Freiheitsdichter der deutschen Sprache: Friedrich Schiller. Vielleicht ein neuer Überraschungsbestseller? In Schillers „Kassandra"-Ballade heißt es jedenfalls vielsagend: „Dein Orakel zu verkünden, / Warum warfest du mich hin / In die Stadt der ewig Blinden / Mit dem aufgeschloßnen Sinn? / Warum gabst du mir zu sehen, / Was ich doch nicht wenden kann? / Das Verhängte muß geschehen, / Das Gefürchtete muß nahn."

Am Ostpol
Über die Verwechslung des Westens mit Europa

VON KATHRIN SCHMIDT

Als es in der DDR gewaltig rappelte, die Verhältnisse stürzten und sich so ganz anders einfingen, als ich das für zwei, drei Wochen im Herbst 1989 glauben wollte, war ich noch eine deutsche Bewohnerin des Ostblocks. Dachte ich an den Status quo, kam mir eine dreifach gesteppte Naht meines alten Eisenschweins in den Sinn: unauflösbar. Heute wundere ich mich über diese Assoziation, denn die Grenze zwischen *Ost* und *West* konnte ich ja nicht gemeint haben. Sie hatte auf den ersten Blick nichts Verbindendes und war sozusagen das Gegenteil einer festen Naht. Das Eisenschwein musste uns vielmehr ganz und gar im Osten festgesteppt haben, aus dem im Grunde kein Entkommen war. Für das Eisenschwein selbst galt das nicht, seinesgleichen waren auch im Westen begehrt.

Das Eisenschwein? Meine gute alte Veritas-Nähmaschine aus Wittenberge. Vermutlich 1950er, 60er Jahre. Wikipedia schreibt zur Fabrik, die 1904 als Zweigwerk der amerikanischen Singer Company gegründet worden war: *„Am 15. Juni 1945 wurde das Werk als Reparationsleistung demontiert, dies dauerte bis 1946 an. Das Werk wurde nach Beschlagnahmung in Gießerei- und Maschinenfabrik Wittenber-*

ge umbenannt. Noch im gleichen Jahr konnte mit Krediten eine neue Gießerei in Betrieb genommen werden und die Belegschaft stieg auf 382. 1951 wurden die Nähmaschinenwerke VERITAS (Clemens Müller Werke) durch Seidel & Naumann übernommen.

Am 1. Januar 1965 wurde das Werk in VEB Nähmaschinenwerk Wittenberge – Kombinat TEXTIMA umbenannt, nachdem 1964 Werke in Lenzen und Bad Wilsnack eingegliedert worden waren. 1968 wurde die 1.000.000. Haushaltsnähmaschine exportiert, 1970 wurde die Industriemaschinenfertigung ausgegliedert und der Betrieb wechselte abermals den Namen in Kombinat VEB Nähmaschinenwerk Wittenberge und fertigte an sieben Standorten. Die große Nachfrage machte ein neues Werk notwendig, das von 1976 bis 1980 gebaut wurde. 1983 wurde die Gießerei automatisiert. Im Jahr 1989 waren im VEB Nähmaschinenwerk Wittenberge etwa 3200 Arbeiter und Angestellte beschäftigt. Am 4. Oktober 1989 wurde die 7.000.000. Haushaltsnähmaschine produziert.

Nach der deutschen Wiedervereinigung wurde das Werk am 31. Januar 1992 durch die Treuhandanstalt liquidiert.«[1]

Dieser kurze Auszug erinnert im Grunde an einen Abriss – man verzeihe mir das doppeldeutige Wort – der DDR-Geschichte: In der Sowjetischen Besatzungszone wurde zunächst demontiert und abtransportiert, im ausgebluteten Land dann ersetzend aufgebaut, in der DDR erweitert. Auf dem Gebiet des Nähmaschinenbaus ausnahmsweise ziemlich erfolgreich. Die 2:1-Umstellung der Preise im Zuge der Währungsunion 1990 überforderte die ostdeutsche Produktion heillos. Zudem brachen die (östlichen) Absatzmärkte weg. Nach dem Ende des Staates konnten (oder wollten) westdeutsche Unternehmen das Werk nicht kaufen bzw. übernehmen. Die Treuhand vollzog.

---

1   https://de.wikipedia.org/wiki/N%C3%A4hmaschinenwerk_Wittenberge

Es missfiele mir, mich als Ostblock-Insassin „Bürgerin" zu nennen, denn von vielen Bürgerrechten fühlte ich mich abgeschnitten. Ich denke, daher rührte auch das rasche Dreinfinden in die Verhältnisse nach der letzten Volkskammerwahl im März 1990, die letztlich einen bereits vorbereiteten Beitritt der DDR zur Bundesrepublik Deutschland besiegelte. Das Grundgesetz! Wenigstens das! Die Aussicht, ihm zu unterstehen und nicht länger der Verfassung der DDR, tröstete mich einigermaßen über den Abbruch basisdemokratischer Aktivitäten, wie es sie auf regionaler, kommunaler und betrieblicher Ebene und sogar in Gefängnissen der Übergangs-DDR gegeben hatte, hinweg. Lieber hielt ich die Zeit nicht reif dafür, als gedanklich zuzulassen, dass die Interessen des Westens ganz andere waren als eine Neuerfindung Deutschlands unter geänderten Vorzeichen. Sicher, die Ahnung leckte hier und da unter den scheinbaren Annehmlichkeiten der ab dem 1. Juli 1990 geltenden Währungs-, Wirtschafts- und Sozialunion hervor: Meine Arbeitsstelle als Kinderpsychologin in einer Berlin-Marzahner Poliklinik hatte ich während meiner Aktivitäten am Runden Tisch Berlin, die viel Zeit von mir als damals vierfacher Mutter erforderten, im Winter 1989/90 aufgegeben. Als ich sie im Herbst 1990, der Runde Tisch hatte sich erübrigt, „wiederhaben" wollte, gab es sie schon nicht mehr. Arbeitsbeschaffungsmaßnahmen fingen mich auf und waren weitaus besser bezahlt, als ich mir je hätte träumen lassen.

Im Herbst 1989 bekamen wir plötzlich eine Fünfzimmerwohnung am östlichen Stadtrand Berlins. Die zweite Tochter kam zur Schule. Die Älteste sollte nach dem Willen ihrer Klassenlehrerin ein Schuljahr überspringen, was ich verhindern wollte, denn das sehr kleine Mädchen, heute mit Mitte 40 nur 1,58 Meter groß, war schon ein Jahr früher als gewöhnlich zur Schule gekommen. Kindergeldanträge, Abschlüsse von Kranken- und Rentenversicherungen waren wie die Steuererklärung mir unbekannte Dinge. So schlitterte ich voll

beladen durch jene Zeit, die für viele Menschen den Abbruch all ihrer Lebensentwürfe mit sich brachte. Deindustrialisierung. Arbeitslosigkeit. Und trotz allem das erste Mal nach Teneriffa oder Frankreich ... Ich dachte über meinen Lebensstatus als Ostdeutsche wohl
nicht nach, zu vieles erforderte meine Aufmerksamkeit.

Dabei kann ich nicht leugnen, dass mich die ostdeutsche Herkunft
selbstverständlich geprägt hat. Mit 14 Jahren war ich zum ersten Mal
in einem litauischen Sommerferienlager gewesen. In den folgenden
Jahren folgten viele, viele Aufenthalte in der Sowjetunion. Dass ich in
die Ukraine, nach Russland, Georgien, Lettland, Estland, Armenien,
Usbekistan, Tadschikistan, Kasachstan, Kirgisien oder Weißrussland
fuhr oder flog, war zweitrangig und versteckte sich hinter dem Wort
„Sowjetunion". Da ich hervorragend Russisch sprach, kam ich über-
all zurecht und tauchte recht tief in sowjetische Lebensverhältnisse
ein. In den Bergregionen des Kaukasus zum Beispiel herrschten geradezu frauenfeindliche, archaisch anmutende Lebensgesetze. Wir
sammelten das Jahr über in der DDR viele Packungen der „Pille",
um Frauen dort das Leben zu erleichtern. Es gab Femizide ebenso
wie Suizide von Frauen in Lebenssituationen, die in der DDR völlig
unproblematisch schienen.

Je tiefer ich sie kennenlernte, umso mehr verband mich mit den
Menschen in der Sowjetunion. Das wäre vermutlich mit westlichen
Europäern oder Amerikanern nicht anders gewesen, wäre ich in
Westdeutschland aufgewachsen-.

Hinzu kommt, dass meine mütterlichen Vorfahren aus Königsberg stammten, dem heutigen Kaliningrad. Da ich bis zum 14. Le-
bensjahr ein Zimmer mit meiner Urgroßmutter teilte, schlief ich mit
ihren Erzählungen über die alte Heimat ein und wachte des Morgens,
oft schlüpfte ich zu ihr ins Bett, damit auf. Einmal, sie war gerade er-
wacht und erzählte von ihrem offenbar schweren Traum, herrschte

sie mich an, als ich darauf mit Unverständnis reagierte: „Aber Ingrid, du musst doch noch wissen, wie wir damals übers Haff sind!" Sie lachte laut, als sie bemerkte, dass sie mich mit meiner Mutter verwechselt hatte. Aus ihren Geschichten kannte ich die Seebäder Rauschen und Crantz bestens, ehe ich sie endlich, Ende der 1990er Jahre, besuchte. In Kaliningrad fand ich die Lizentgrabenstraße, in der meine Mutter mit ihrer Familie gewohnt hatte, als Mariupolskaja. Die Häuser beidseits der Straße gab es seit 1944 nicht mehr, dafür ragten jetzt riesige Wohnscheiben aus Platten in den Himmel. Aber die Straßenbahnschienen, von denen meine Urgroßmutter oft gesprochen hatte, lagen nach wie vor in ihrem Bett, nun aber mitten im Gras. In regelmäßigen Abständen noch verschüttete Kellerreste, deren Spitzen sich aus dem Rasen ins Licht bohrten. Einen Ziegelrest brachte ich meiner Mutter nach Deutschland mit. Sie brach in Tränen aus und bereiste mit meinem Vater im darauffolgenden Jahr Kaliningrad, was sie zuvor stets abgelehnt hatte.

„Wir sind, was wir erinnern: Die Erinnerung ist gerahmt, gepflegt und begrenzt durch die Identität, die in diesen Erinnerungen lebt und von ihnen getragen wird."[2] Ein Satz des Ägyptologen Jan Assmann, vielfach wiederholt, variiert und ausgeführt in seiner eigenen und der Arbeit seiner Kollegen, sagt aus, was auch ich zur Existenz als Ostblock-Bewohnerin denke: Hineingeboren in eine zementiert scheinende Nachkriegsordnung des Kalten Krieges, gaben mir urgroßmütterliche Erzählungen einen beweglichen Ankerpunkt in einem weiter östlich gelegenen Kulturraum. In diesem weniger geografischen als vielmehr ideellen Raum sprangen auch litauische und polnische Vorfahren herum, gaben mir mit, was ich zu sein hatte. Dass ich darüber nicht sprechen durfte als Kind, war mir Gesetz und

---

2 Originalveröffentlichung in: Musik & Ästhetik 9, 2005, Nr. 33, S. 6.

brachte mich zum Zittern, wenn Gespräche zu nahe an diesen Aspekt meiner Existenz zu geraten drohten: Ich lebte nur, weil meine Vorfahren „erfolgreich" vor den *Russen* geflohen waren, die doch *unsere besten Freunde* zu sein hatten.

Heute sehe ich, zum besseren Verständnis, meinen Lebensraum als eine von einer semipermeablen Membran umschlossene Kugel, die sich mit anderen Kugeln überschneidet und mir die Luft gibt, die mir zum Atmen zur Verfügung steht. Die väterliche Kugel mit, ja, geliebter HJ-Mitgliedschaft aus Abenteuerlust und der Möglichkeit, das Segelfliegen zu praktizieren. Mit 1946 erfolgter Verhaftung durch die Organe der Sowjetischen Militäradministration in Deutschland wegen angeblicher Spionage für einen amerikanischen Geheimdienst. Mit der Verurteilung zu 25 Jahren Zwangsarbeit und der Entlassung als 29-Jähriger nach zehn Jahren Bautzen. Die mütterliche Kugel mit Flucht vor den *Russen* aus Ostpreußen und dem eigenhändigen Begraben eines auf der Flucht totgeborenen Brüderchens durch die Neunjährige, weil niemand sonst es tun konnte. Mit der Ankunft in Sachsen, wenig später in Thüringen. Mütterliche und väterliche Lebenskugel rollten 1957 aufeinander zu: Meine Mutter arbeitete im ersten Jahr als Unterstufenlehrerin, mein in Gotha ansässiger Vater hatte in einer Möbelfabrik Dienst zu tun nach der langen Haftzeit. Später wurde auch er Lehrer, wie es in seiner Familie üblich gewesen war. Meine Kindheit war schon allein durch die Lebensgeschichten meiner Eltern „sowjetisch" infiltriert, was ich anfangs freilich nicht einmal ahnte. Meine Eltern lebten mit den frühen Katastrophen ihrer Leben, indem sie das, was ihnen zugestoßen war, zur Strafe für die Verbrechen der Deutschen zu Zeiten des „Dritten Reiches" umfunktionierten. (Dass sie damals Kinder gewesen waren, zählte nicht.) Zur konfessionell christlichen Erziehung beider kamen im Falle meines Vaters ein preußisch-obrigkeitsstaatlicher, im Fall meiner Mutter ein piefig-kleinbürgerlicher Wertekanon hinzu, was die Umwertung des Erlittenen offenbar erleichterte.

Gesprochen wurde darüber nie. Erst als fast Erwachsene erfuhr ich von der Haftzeit meines Vaters: Ich bewarb mich um ein Studium der Medizinischen Forschung an der Lomonossow-Universität Moskau; es mussten lange Bögen zu Verwandten in Ost und West ausgefüllt werden. Die hatten wir reichlich. Aber ich brach zusammen, als ich in der Spalte meines Vaters unter „Vorstrafen" las: 25 Jahre Zwangsarbeit. Der Zeitpunkt der Verjährung war noch nicht gekommen, sodass er das Durchlittene wahrheitsgemäß eingeschrieben hatte. Er verpflichtete mich, wie er sich selbst einst dazu verpflichtet hatte, mit keinem Menschen darüber zu sprechen. (Fürderhin zitterte ich wie damals als Mädchen, wenn ich mit Freunden im Gespräch der Wahrheit zu nahe kam ...) Aus einem Studium in der Sowjetunion wurde selbstverständlich nichts. Meine Tante Irene, die diese Bewerbungen für den Thüringer Kreis Gotha, in dem ich damals lebte, zu koordinieren hatte, bemühte sich offensichtlich traurig, mir das bedauernd zu erklären, aber ich hatte schon verstanden.

Ja, wir sind, was wir erinnern.

Ich erinnere daran, dass Europa bis zum Ural reicht, wie ich als Schulkind gelernt habe. Geografisch gesehen, ist das heutige östlichste Deutschland allenfalls der Beginn einer Region Mitteleuropa, deren westliche Grenze sich irgendwo über die heutigen Staaten Tschechien, Slowakei, Ungarn und über den Balkan zieht, ohne genau gezeichnet werden zu wollen. Ebenso scheint es mit der östlichen Scheidelinie zwischen den Regionen Mittel- und Osteuropa zu sein: Man kann sie, irgendwo in Finnland beginnend, über die Ostgrenzen Estlands und Lettlands durch Belarus und die Ukraine bis zum Schwarzen Meer denken und Mitteleuropa weiträumig beidseits der Linie Königsberg–Triest.

Die Völkerverschiebungen und ethnischen Säuberungen, die allein im letzten Jahrhundert in diesem Breitstreifen Mitteleuropa vollzogen wurden, haben es in sich, fußen aber zumindest zum Teil auf sehr viel älteren Konflikten, die in diesem Raum mit seinen zahlreichen Grenzen und Völkern das Zusammen- bzw. Auseinanderleben seit Jahrhunderten bestimmten. Wir könnten davon wissen, verbannen sie aber nur zu gern aus unserem Erinnerungsraum.

Ein Freund, der Radebeuler Autor Jörg Bernig, schreibt in seinem außerordentlich berührenden Essayband „Der Gablonzer Glasknopf": „Mitteleuropa also (…) Aus unserer gewohnt eurozentristischen Perspektive handelt es sich hierbei um nicht mehr – aber auch nicht weniger! – als um die Mitte der Mitte. Und das ist, bei Lichte besehen, die Mitte der Welt. (…) Die Mitte Europas ist gleich die Mitte der Welt. Was sonst!? (…) Niemand will Peripherie sein, jeder der nicht wenigen Orte, die die Mitte Europas für sich beanspruchen, will weg von da, vom Rand, von dem, was immer irgendwie in Frage stand und steht, weg aus der Unsicherheitswelt und von dem, worauf immer irgendein Nachbar einen gierigen Blick geworfen hat, wo immer wieder alles durcheinandergewürfelt wurde – die Grenzen, die Herrschaften und ja, auch das und vor allem, die Bewohner. Als wäre nicht gerade dieses Durcheinandergewürfelt-Werden ein, vielleicht *das* Kennzeichen Mitteleuropas!"[3]

Nehmen wir als Beispiel die Flucht meiner mütterlichen Familie aus dem heutigen russischen Kaliningrad, in deren Ergebnis sich die neun oder zehn Geschwister meiner Urgroßmutter mehrheitlich im Westen Deutschlands ansiedelten, während sie selbst mit ihrem früher der SPD angehörenden Ehemann in Ostdeutschland blieb, wie auch ihr einarmiger Kommunistenbruder. (Wir besuchten ihn 1968, er arbeitete als Hausmeister in einer Stendaler Schule.) Oder nehmen wir die Geschichte der Familie meines ukrainischen, seit 1986

---

3 Jörg Bernig, Der Gablonzer Glasknopf. Essays aus Mitteleuropa, Dresden 2011, S. 46.

in Deutschland lebenden Schwagers. Er stammt aus einem Dorf unweit der in der Zwischenkriegszeit polnischen Stadt Lwów, die heute auf Ukrainisch Lviv heißt. Lwów war im 13. Jahrhundert als altrussische Gründung entstanden, wurde nur knapp 100 Jahre später zum polnischen Lwów, wo mehr als 200 Jahre das Deutsche die Amtssprache war. Mit der Ersten Teilung Polens fiel Lwów an die Habsburgermonarchie und existierte als Lemberg fort, das nach einigem Hin und Her um das Ende des Ersten Weltkriegs herum für die Zwischenkriegszeit wieder zum polnischen Lwów wurde. Im September 1939 wurde die Kresy, das Grenzland, wie man das zu jenem Zeitpunkt ostpolnische Territorium nannte, im Zuge der im Hitler-Stalin-Pakt fixierten Annexion von der Sowjetunion weitgehend besetzt und zwei Jahre später dann von den Deutschen überrollt. Mit deren Niederschlagung kehrte die sowjetische Besatzung zurück, die Familie meines Schwagers wurde zunächst nach Sibirien verbracht, kam später wieder in die Ukraine. Polnische Bewohner der Kresy waren unterdessen vor allem in die niederschlesische Region um Breslau umgesiedelt worden. Und immer so weiter und immer so fort wurden Ukrainer und Russen in ehemals polnische, Polen in ehemals deutsche Gebiete und dort seit Jahrhunderten ansässige Deutsche ins Jenseits westliche der Oder getrieben. Ganz zu schweigen von der Oblast Kaliningrad, dem nördlichen Teil Ostpreußens: Die deutsche Bevölkerung wurde vornehmlich durch Russen ersetzt. Die letzten 25.000 deutschen Verbliebenen wurden 1947 in die Sowjetische Besatzungszone ausgesiedelt.

Solche Bewegungen sind keine, die innerhalb einer Generation zu bewältigen wären. Gedankliches Kreisen um alte Wohnorte und Besitztümer ist auch kein verfassungsfeindlicher Revanchismus, sondern aus der Not geborene Beschäftigung mit dem eigenen Leben. Inzwischen ist gut bekannt, wie die transgenerationale Weitergabe von gesellschaftlichen Traumata vonstattengeht, wir können unsere verschiedenen Liedchen davon singen und wissen bei allem, dass es zu unserem Leben gehört und insofern nichts Besonderes, nichts Extraordinäres ist. Es wird nicht anders gehen, als zu versuchen, es verstehend zu begleiten und nicht etwa gegen andere Traumata anderer Menschen aufzurechnen. Das Aussprechen wäre immer ein erster Schritt gewesen, den viele unmittelbar Betroffene, zumindest in der beschränkten Öffentlichkeit des Ostblocks, nie gewagt haben und der erst in den nachfolgenden Generationen eine gewisse Aufmerksamkeit erreichte.

Ja, ich fühle aus mehreren biografischen Gründen den anfangs beschriebenen beweglichen, ideellen Ankerpunkt in einer weiter östlich gelegenen Region Europas, die jedoch nichts anderes als ein Mitteleuropa darstellt, und ich denke, ich stehe damit nicht allein.

Jörg Bernig schreibt: „Wir wissen, wie schwierig es ist, die Geschichte zweier Teilstaaten in Deutschland als *eine* nationale Geschichte zu begreifen. Die Bundesrepublik hatte sich über Jahrzehnte mit Deutschland verwechselt und diesen Fehler nicht bemerkt oder ihn verdrängt. Das wurde ihr maßgeblich erleichtert durch die kommunistischen Machthaber im Osten, die bis zu ihrem Sturz daran arbeiteten, neben ‚demokratisch‘ und ‚Republik‘ auch das Wort ‚deutsch‘ zur dritten bedeutungsleeren Stelle im Staatsnamen zu verwandeln. Daß es dieser Staatsname immer nur zu einer Dreibuchstabenexistenz gebracht hatte und auch im Nachhinein daran nichts zu ändern ist, unterstreicht das Gesagte nur. Als wären die Leerstellen auch noch kodiert worden. Analog dazu hatte sich Westeuropa über Jahrzehnte mit Europa verwechselt, und die Machthaber des Ostblocks hatten dabei mitgeholfen, indem sie versuchten, die Verbindungen zu kappen, wo es nur ging. Auch die historischen Verbindungen."[4]

---

4   Ebd., S. 16.

Ganz ähnlich, allerdings „andersherum", erlebe ich es heute. Die „Westbindung" der Europäischen Union ist gesetzt und wird auch für die Staaten östlich des ehemals Eisernen Vorhangs mit Ausschließlichkeit behauptet. Jeder Verweis auf eine althergebrachte, durchaus schwierige und auch leidvolle „Ostbindung" macht jeden verdächtig, der ihn ausspricht. Ich spreche nicht nur von der durch die Sowjetunion aufoktroyierten, ideologisch und militärisch begründeten Besatzung nach dem Zweiten Weltkrieg, sondern auch von den Verwerfungen, die sich von alters her immer wieder in diesem Raum ereignet haben und von denen ich einen Eindruck zu vermitteln versuchte, indem ich von meiner Familie erzählte.

„Wann Krieg beginnt, das kann man wissen, aber wann beginnt der Vorkrieg. Falls es Regeln gäbe, müßte man sie weitersagen. (…) Da stünde, unter anderen Sätzen: Laßt Euch nicht von den Eigenen täuschen." Dieses Zitat aus Christa Wolfs „Kassandra", das mich seit der ersten Lektüre vor vielen Jahren begleitet, bringt mich auch heute dazu, die Frage nach dem Vorkrieg und der Rolle der „Eigenen" darin zu stellen, die am Ende unerfreulich ausfällt. Nach dem Ende des Ostblocks hat sich der transatlantische Furor über Staaten hergemacht, die man den *Sowjets* abgetrotzt zu haben meinte, und hat sie, gegen alle vorherigen Absprachen, zumeist in die NATO übernommen. (Dass auch Russland um die Jahrtausendwende Mitglied der NATO werden wollte, wird dabei nicht miterzählt.) Das selbstverständliche Recht Russlands, sich nicht von NATO-Staaten bedrängen zu lassen, steht für mich, unabhängig von der Putin'schen innenpolitischen Regierungsführung, nicht zur Disposition. Übrigens ebenso wenig wie der Völkerrechtsbruch Russlands, in die Ukraine einzumarschieren. Über den Vorkrieg indes, mag er 2014 in der Ostukraine oder schon 1999 mit der NATO-Bombardierung Belgrads begonnen haben, sehe ich mich von den „Eigenen" getäuscht. Sie haben einen großen Teil der Ursachen des heutigen Kriegsgeschehens selbst gesetzt, während die großen Leaderkerzen weit weg davon, fest und unbehelligt, auf ihrem amerikanischen Cheesecake thronen und leuchten können.

Apropos Westbindung: Ich komme nicht umhin, in diesem Zusammenhang den Journalisten Marcus Bensmann anzuführen. Auf dem Twitter-Nachfolger X antwortete er auf einen Post des Europaabgeordneten der CDU, Dennis Radtke, der an die DNA seiner Partei appellierte, sich selbst zu erhalten: Wenn die Ostdeutschen zu mehr als 50 Prozent AfD, BSW und vielleicht Die Linke wählten, dann sei es Zeit anzuerkennen, dass seine Partei keinen Regierungsauftrag habe und auf untragbare Koalitionen verzichten sollte, um sich nicht bundesweit selbst zu zerstören. Bensmann schrieb dazu in einem inzwischen wieder gelöschten Post: „Dann sollten wir lieber über eine Trennung nachdenken. Es kann nicht sein, dass eine Mehrheit der ehemaligen DDR-Bürger, die nur 1/6 der Gesamtbevölkerung stellen, mit der Westbindung das Erfolgsmodell der Bundesrepublik zerstören. Die Tschechoslowakei hat es vorgemacht."

Darüber kann ich zum Glück lachen. Nicht einmal der Ostblock konnte eine Trennung der West- und Ostdeutschen wie gewünscht durchsetzen, auch weil es eben, siehe oben, familiäre Verbindungen gab. Die Hälfte meiner Cousins und Cousinen lebte „im Westen". Sie besuchten uns alle Jahre. Zwei Kinder aus der Eifel wurden sogar sommers zum Aufpäppeln zu meiner Familie in die DDR geschickt. Hier aßen sie gut, thüringisch-ostpreußische Küche. Warum das so war, kann ich mir bis heute nicht erklären, auch weil ich selbst nicht hinfahren und nachschauen konnte, woran ihr Essverhalten zu Hause gekrankt haben mag. Die Aufenthalte bei uns brachten ihnen regelmäßig ein bis zwei Kilo auf die Rippen und uns Kindern viel Spaß und Freude beim freien Spiel im Wald und auf den Wiesen.

Das Mädchen, etwas jünger als ich, hatte eines Sommers, sie war vielleicht 13 Jahre alt, auf meine Frage, welcher Beruf ihr denn vorschwebe, geantwortet, dass sie in einer Bank arbeiten wolle, bis sie heirate. Die Semantik dieses Satzes erschloss sich mir nicht. Was hatte ein Beruf mit einer Heirat zu tun? Ich ließ ihn mir von ihr erklären.

Damals glaubte ich, dass mir viele Möglichkeiten gegeben seien, wollte unbedingt studieren und Atomphysikerin oder Pianistin werden. Zumindest daraus wurde nichts, weil sich die Wünsche änderten, aber nicht wenige habe ich mir erfüllt im Leben.

Meine Cousine arbeitet heute als selbstbewusste, nur ganz kurz verheiratet gewesene, kinderlos gebliebene Frau in der Trierer Stadtverwaltung. Ich bin seit 40 Jahren verheiratet und habe fünf Kinder großgezogen. Erstens kommt es immer anders und zweitens, als man denkt.

Daran möchte ich nie mehr zweifeln, auch wenn mein Eisenschwein nach wie vor unauflösbare Mehrfachnähte steppt.

Die Unfähigkeit zu trauern
Über die Weitergabe von
Diktaturerfahrungen im Osten

VON UDO BAER

Vor einigen Jahren leitete ich eines meiner Seminare zum Thema traumatisierte und andere hochbelastete Kinder in den Kitas mit rund 80 Erzieherinnen und Erziehern in Sachsen. Ich bat die Anwesenden, in kleinen Gruppen ihre eigenen Erfahrungen mit solchen Kindern in ihrem Arbeitsfeld zusammenzutragen und darüber zu sprechen, welche Empfindungen und anderen Reaktionen diese Kinder bei ihnen selbst hervorriefen. Ich scheiterte.

Die Anwesenden bildeten zwar die Gruppen, redeten aber offensichtlich nicht über das Thema. Einige fingen an zu stricken, andere unterhielten sich über Sport, den Chef oder die Chefin, den letzten Elternabend oder irgendetwas anderes. Ich erläuterte noch einmal die Fragestellung – nichts, keine Reaktion. Ich verkürzte die vereinbarte Arbeitsgruppenzeit und bat im Plenum darum, von eigenen Erfahrungen mit hochbelasteten Kindern zu berichten. Stille. Dann meldete sich eine Teilnehmerin, die vor wenigen Wochen aus NRW nach Sachsen gezogen war und mir offensichtlich helfen wollte. Sie erzählte von einem Kind. Dann wieder Stille.

Ich berichtete schließlich von einigen Erfahrungen, die ich gemacht hatte, und wir gingen in die Pause.

Solche Erfahrungen machte ich mehrmals in den sogenannten neuen Bundesländern. Es gab auch Ausnahmen, vor allem in großen Städten, aber wenige. Dass es den meisten schwerfiel, eigene Erfahrungen auszutauschen und persönliche Empfindungen mitzuteilen, kannte ich aus den ersten Jahren nach dem Zusammenbruch der DDR. Damals war mir klar, dass dies eine Folge der DDR-Erziehung und -kultur war. Alles war vorgegeben, alles von der Partei bestimmt. Eigene Erfahrungen und gar Empfindungen waren nicht gefragt. Aber nun, rund 30 Jahre nach dem Ende der DDR? Bei 80 jungen Fachkräften, die überwiegend kurz vor oder nach 1990 geboren waren? Immer noch die ähnlichen Muster wie unter der Diktatur? Das überraschte mich. Ähnliche Erfahrungen habe ich in Russland und anderen osteuropäischen Ländern gemacht. Für mich war und ist das ein Anzeichen dafür, dass Diktaturerfahrungen über die Generationen weitergegeben werden. Sich damit zu beschäftigen, ist offenbar ein wichtiges Element, um aktuelle Zustände und Prozesse in den Regionen der ehemaligen DDR und in Osteuropa zu verstehen.

Was von der DDR geblieben ist

Bevor ich der Frage nachgehe, wie und mit welchen Folgen Diktaturerfahrungen transgenerativ weitergegeben werden, ist festzustellen, dass diejenigen, die 1989 Kinder und Jugendliche waren, einerseits gesellschaftliche Brüche und persönliche Veränderungen erlebten, vieles für sie aber auch „wie vorher" geblieben ist, sodass manche ihrer Erfahrungen denen der älteren Generation ähnelten. Das betrifft vor allem ihre Erziehung und Bildung.

Das Erziehungsprinzip, das in Schule, Kindergarten und den meisten Elternhäusern in der DDR vorherrschte, war autoritär. Es ähnelte dem in der BRD verbreiteten in den 1950er Jahren. Doch in der BRD gab es die Veränderungsimpulse der 68er. Bei all dem, was 1968 und danach an schrägen Diskussionen, Auseinandersetzungen und Entwicklungen entstand, die Einflüsse auf Erziehung und Bildung waren nachhaltig. Autoritäten wurden infrage gestellt und Ausbildungen verändert. Die Demokratisierung des Bildungssystems erfolgte in der BRD nach dem Zweiten Weltkrieg formal, nach 1968 substanziell. Das unterblieb in der DDR. *Was* vom Lehrerpult verkündet wurde, veränderte sich seit den wilhelminischen Zeiten, das *Wie* blieb gleich, ebenso wie die Forderung, Dogmen auswendig zu lernen und sich den Autoritäten zu unterwerfen.[1]

Bis auf wenige Ausnahmen wurden nach 1990 die Lehrkräfte der DDR übernommen. Die Unterrichtsbücher änderten sich, aber nicht der Unterrichtsstil. Es gab Ausnahmen, Lehrerinnen und Lehrer, die versuchten, eine demokratische Kultur auch in den Schulen zu leben. Viele von ihnen berichteten, dass sie von den alten Kollegien gemobbt und ausgegrenzt wurden. Manche kämpften weiter, viele resignierten.

In den Kitas wurde das System in der DDR institutionell durcheinandergewirbelt und an westdeutsche Verhältnisse angepasst. Das brachte mit sich, dass die Ausbildungen der DDR in erzieherischen Berufen nur teilweise anerkannt wurden und viele Fachkräfte längere Nachqualifizierungen absolvieren mussten. Dort wurden zwar überwiegend Alternativen zu den autoritativen Erziehungsstilen der DDR gelehrt, doch auf die Praxis hatte das nur selten Auswirkungen. In den meisten Kitas war es zum Beispiel weiterhin üblich, dass es

---

1   Udo Baer, DDR-Erbe in der Seele. Erfahrungen, die bis heute nachwirken, Weinheim 2023.

nicht nur feste Essens- und Schlafenszeiten gab, sondern auch vorge-
gebene Zeiten, zu denen die Kinder „aufs Töpfchen" gehen mussten.
Nicht als Angebot, sondern als „Muss". Die Töpfchen hatten Henkel,
an denen die Gurte festgebunden wurden, mit den die Kinder ge-
zwungen wurden, dort sitzen zu bleiben, bis sie „gemacht" hatten. Es
gab Erzieherinnen, die mit großem Engagement versuchten und sich
weiter darum bemühen, dass eine Erziehung realisiert wird, die die
Bedürfnisse des Kindes würdigt. Insbesondere in ländlichen Gegenden stießen sie zum Teil auf massiven Widerstand.

Es hat sich seit dem Fall der Mauer viel geändert, aber nicht alles
und viel zu wenig. Auch wenn sich viele engagierte Eltern, Lehrer
und Erzieher für eine Förderung des kindlichen Selbstwertgefühls
einsetzen und sich bemühen, Kinder zu mündigen Bürgern zu erzie-
hen, so wirken doch die Folgen der Kontinuität autoritativer Erziehung nach. Das hat Auswirkungen auf die jüngere Generation und
die ganze Gesellschaft.

Auch andere Elemente des DDR-Erbes blieben lebendig. Für die
heute älteren Menschen am bedeutsamsten war, dass in den neu-
en Bundesländern Teile der Führungsschichten der DDR erhalten blieben, wenn auch deutlich weniger als in anderen osteuropäischen Ländern, weil der Zuzug aus den alten Bundesländern
sehr groß war. Die Klagen über die „Übernahme" aus dem Westen
wurden am lautesten von jenen Teilen der Führungsschicht ange-
stimmt, die ersetzt wurden. Für die jüngeren Menschen sind die
Auswirkungen auf Bildung und Erziehung am relevantesten. Hinzu kommen die Folgen transgenerativer Weitergabe von Diktaturerfahrungen.

Transgenerative Weitergabe

Erfahrungen, die für Menschen wichtig sind, sie belasten oder gar einschneidende Veränderungen hervorgerufen haben, können über Generationen weitergegeben werden. Am deutlichsten zeigte sich dieses Phänomen in der Forschung über die Weitergabe traumatischer Erfahrungen.[2] Viele Menschen, die selbst kein Trauma erlebt haben, reagieren so, als würden sie selbst eine traumatische Erfahrung durchgemacht haben. Die klassischen Symptome des Posttraumatischen Stresssyndroms treten auf. Sie haben zum Beispiel ein erhöhtes Erregungsniveau, leiden unter Ängsten und vermeiden bedrohlich erscheinende Situationen. Die Besonderheit transgenerativer Weitergabe besteht für die betroffenen Menschen darin, dass sie zwar unter den Traumafolgen leiden, in ihrer Biografie dafür aber keinen Grund finden. Sie haben zum Beispiel Angstattacken, wissen aber nicht, warum sie diese spüren. Sie fühlen einen Schrecken, haben aber keine Worte dafür. In der therapeutischen Hilfe für solche Menschen begegnen ihnen keine eigenen traumatischen Erfahrungen, aber solche, die die Eltern oder Großeltern durchlebt haben.

Wie ist das möglich? Menschen sind in der Lage, Resonanzen zu anderen zu empfinden. Sie spüren deren Freude, aber auch deren Not. Das lateinische Wort *resonare* bedeutet „miteinander schwingen".[3] Offensichtlich versetzen sich Kinder in ihre Eltern hinein und spüren alles, worüber diese gerade nicht sprechen, was sie aber erleben und erlebt haben: ihre Ängste, ihre Erregung, ihr Vermeidungs-

---

2 Hartmut Radebold, Die dunklen Schatten unserer Vergangenheit, Stuttgart 2015; Udo Baer/Gabriele Frick-Baer, Kriegserbe in der Seele, Weinheim 2018; Udo Baer/Gabriele Frick-Baer, Wie Traumata in die nächste Generation wirken, Berlin 2012.
3 Friedrich Cramer, Symphonie des Lebendigen. Versuch einer allgemeinen Resonanztheorie, Frankfurt am Main 1998.

verhalten. Diese Resonanzen haben eine Entsprechung in neuronalen Prozessen. William D. Hutchison von der Universität Toronto hat erstmalig die Spiegelneuronen entdeckt. Sie sind ein besonderer Typ der neuronalen Zellen, der in der Lage ist, aktiv zu werden und zum Beispiel Schmerzen zu signalisieren, auch wenn die Schmerzen dem Menschen nicht direkt zugefügt wurden, sondern er sie bei anderen Menschen beobachtet.[4] Wahrscheinlich sind durch die Spiegelneuronen Menschen in der Lage, die Absichten und Gefühle anderer Menschen zu erkennen und zu spüren. Dabei haben die Spiegelneuronen eine Doppelfunktion. Sie sind an der sensorischen und auch motorischen Funktion des Gehirns beteiligt. Gleichzeitig spiegeln sie Vorgänge, die Menschen in ihrer Umgebung beobachten, gleichsam simulierend wider.

Wenn Eltern also ein Trauma erlebt haben, spüren deren Kinder nicht das traumatische Ereignis selbst, aber sie spüren die Folgen. Je weniger über diese Folgen geredet wird, desto weniger Erklärungen haben die Kinder dafür, desto mehr versuchen sie, sie zu verstehen und sich in die Erwachsenen, die sie lieben, hineinzuversetzen. Und dabei beginnen ihre Spiegelneuronen aktiv zu werden und rufen in der jüngeren Generation die gleichen Empfindungen und Gefühle wie bei den Eltern hervor – allerdings ohne dass die Kinder wissen, aus welchen Quellen diese entstanden sind. Stattdessen entsteht eine Leerstelle, die die Kinder mit Fantasien zu füllen versuchen oder die dazu führt, dass sie Gefühle und Verhaltensweisen der Eltern übernehmen.[5]

Eine solche Weitergabe über die Generationen hin erfolgt offenbar nicht nur bei einmaligen traumatischen Erfahrungen. Das Gehirn der Menschen steht im ständigen Austausch mit seiner Umwelt.

---

4 Joachim Bauer, Warum ich fühle, was du fühlst. Intuitive Kommunikation und das Geheimnis der Spiegelneuronen, München 2006.
5 Udo Baer, Das Drama der Leere, Stuttgart 2024.

Die Menschen versuchen über ihr Gehirn die Umwelt zu erfassen und darauf zu reagieren.[6] Wenn die Umwelt wie in Diktaturen Menschen belastet und bestimmte Gefühle und Verhaltensweisen hervorruft, werden auch diese an die nächste Generation weitergegeben.

Voraussetzung für die Weitergabe ist das Verstummen, das in den Diktaturen zum Lebensalltag gehört und fortgesetzt wird, indem über die belastenden Erfahrungen geschwiegen wird. Aus der Traumforschung übertragbar ist die Erkenntnis, dass, je weniger über das traumatisierende Ereignis geredet wird, ja wenn es sogar gezielt verschwiegen wird, die Wirkungen auf die nächsten Generationen anhaltend erfolgen. Und zweitens wird nicht das Ereignis selbst weitergegeben, sondern die Folgen. Beiden Aspekten begegnen wir, wenn wir die transgenerative Weitergabe von Diktaturerfahrungen genauer betrachten.

Transgenerative Weitergabe von Diktaturerfahrung als Widersprüche

Diktaturerfahrungen werden nicht linear weitergegeben, sondern widersprüchlich. Das gilt für einzelne Personen wie für gesellschaftliche Prozesse. Als die fünf wichtigsten Widersprüche können beobachtet werden:

Widerspruch 1: Loswerden – Anziehungskraft
Wenn eine einzelne Person Schlimmes erlebt, zum Beispiel eine traumatische Erfahrung, dann hat sie fast immer das Bestreben, die Erinnerung an diese loszuwerden. „Ich will nichts mehr damit zu tun

---

6 Thomas Fuchs, Psychiatrie als Beziehungsmedizin. Ein ökologisches Paradigma, Stuttgart 2023.

haben. Das ist vorbei, Ich will nach vorne schauen." Diese Haltung ist nachvollziehbar, bringt aber ein Problem mit sich: Dieses Vorhaben gelingt nicht. Traumatische und andere hochbelastende Erfahrungen sind „zickig". Sie wirken nachhaltig. Das liegt daran, dass das menschliche Gedächtnis nicht nur aus dem kognitiven Gedächtnis besteht, sondern auch aus dem Gedächtnis des Erlebens,[7] das auch das Gedächtnis der Sinne und des Körpers, der Gefühle, der Beziehungserfahrungen und der Atmosphären einschließt. Der Mensch speichert bedrohliche Erfahrungen und reaktiviert sie wieder. Dafür ist im Gehirn die Amygdala „zuständig". Dieser Prozess ist für das Überleben der Menschen nützlich, denn dadurch können mögliche Bedrohungen erkannt und ihnen begegnet werden.

Belastenden Erfahrungen wohnt deshalb eine hohe Wirkungskraft inne. Werden sie nur verdrängt und verschwiegen, wirken sie wie ein Schwarzes Loch im Weltall. Ein solches besteht nicht einfach aus „nichts", sondern aus negativer Energie, die ganze Sonnensysteme verschlingen kann. Die enorme Kraft solcher Wirkungen traumatischer Erfahrungen beobachten wir in Familien und bei Einzelpersonen und als gesellschaftliches Phänomen.

Die Erfahrungen in der DDR waren für viele Menschen eine große Belastung und für manche ein Trauma. Auch außerhalb eines Traumas als existenziell bedrohliche Erfahrung wirken Diktaturerfahrungen nach. Sie sind meist nicht mit einem besonderen Ereignis verbunden, sondern mit lang andauernden Gewohnheiten und Atmosphären. Angst zu haben, dass man sich beim Biertrinken nicht „verplappert" und eine kritische politische Meinung äußert, kann ebenso „in Fleisch und Blut" übergehen wie ein Einfrieren von Gefühlen und von differenzierter Auseinandersetzung durch einen

---

7   Thomas Fuchs, Leib, Raum, Person. Entwurf einer phänomenologischen Anthropologie, Stuttgart 2018.

Lernstil, der vor allem aus Auswendiglernen und Nachahmen besteht. Wenn dann noch Erfahrungen der Maßregelung und Unterdrückung hinzukommen, hinterlässt das Spuren, die nachwirken und transgenerativ weitergegeben werden können.

Jüngere erzählen oft, dass sie über die DDR-Erfahrungen mit ihren Eltern und Großeltern nicht reden können. Da herrsche Schweigen, und allenfalls werde etwas verklärt, zum Beispiel die Krippen und die Scheidungsmöglichkeiten. Doch auf die Fragen „Wie ging es euch damals?" und „Wie geht es euch jetzt mit damals?" erhalten sie keine Antwort. Umso stärker wirken die Gewohnheiten und Atmosphären der DDR-Zeit nach.

Widerspruch 2: Die da oben – wir halten zusammen

Zum Wesen einer Diktatur gehört, dass es ein starkes Gefälle zwischen oben und unten gibt. Oben, das sind die Machthaber, das sind „die da oben". Sie sind für alles verantwortlich. In einer Kleinstadt in der Nähe von Dresden protestierten Bewohner dagegen, dass Merkel sich nicht um Probleme bei der Müllabfuhr kümmere. „Merkel" ist ein Synonym für „die da oben", ebenso „die Regierung", die „Ampel" (oder ihre Nachfolger), die „Altparteien" usw. Rechtspopulistische Parteien greifen diese Einstellung auf und inszenieren sich nicht nur als Opposition, sondern als „wir da unten". Was in der Diktatur der Realität entsprach, wird so in der demokratischen Gesellschaft zum Schlagwort. Die Spaltung zwischen denen „da oben" und „uns da unten" setzt sich als Farce fort und kann zur Grundlage von Weltverschwörungstheorien werden. In „die da oben" werden die Medien einbezogen, die als „Lügenpresse" als Teil der Machthaber bezeichnet werden. Wer früher seine Informationen vom *Neuen Deutschland* und dem DDR-Fernsehen erhielt, wurde belogen. Diese Erfahrung wirkt weiter und wird auf die Gegenwart übertragen, allerdings oft verzerrt und verschoben. Wenn Rechtspopulisten behaupten, dass sie ihre Meinung nicht frei äußern dürften, dann wirkt das oftmals irreal. „Das wird man doch mal sagen dürfen" klingt bei vielen wie ein Satz, der aus der Zeit gefallen ist. Er hätte in die DDR gepasst und nicht in die Gegenwart. Wohl deswegen fällt er bei manchen auf einen fruchtbaren Boden.

Dabei wird denen „da oben" ein solidarisch zusammenhaltendes „Wir da unten" entgegengestellt. Bewusst knüpfen politische Strömungen an die Tradition der Opposition an. Das „Volk" wird zur Volksgemeinschaft, zum Sammelbegriff derjenigen, die den Machthabern entgegenstehen. Auch wird die Geschichte verklärt. Dass „früher alle" zusammengehalten hätten, ist ein Mythos. Es gab eine Notgemeinschaft. Das Trabbi-Ersatzteil wurde getauscht gegen ein Rohr für die Spüle. Autofahrer hielten an, wenn jemand eine Panne hatte, um zu helfen. Weil sonst keine Hilfe kam. Wie brüchig diese Notgemeinschaft war, wurde 1989/90 deutlich: Sie zerbrach in Windeseile, sobald Produkte und Dienstleistungen verfügbar waren. Die Tauschgeschäfte waren nicht mehr notwendig, die Tauschenden gingen nicht mehr zu den Nachbarn, sondern zu Netto oder zum Baumarkt.

Sicherlich gibt es Reste der Notgemeinschaft. Da wird vor allem in ländlichen Gegenden ein Schwein geschlachtet und für alle gegrillt, da werden von einigen alte Nachbarschaften und Freundschaften gepflegt. Doch viele, die früher zusammengehalten haben, sind mittlerweile verstreut, manche in den Westen gegangen, andere haben sich in den Alkohol geflüchtet. Die Gemeinschaft derer „da unten" bzw. des „Volkes" lebt vor allem als Mythos weiter und vielleicht als rückwärtsgewandte Sehnsucht.

Die beschriebene Spaltung führte bei zahlreichen Menschen in den Bundesländern der früheren DDR dazu, dass es wenig politisches und gesellschaftliches Engagement gibt. Tausende von engagierten Menschen sind politisch und engagieren sich sozial. Doch es sind wenige, zumindest weniger als in anderen Teilen Deutschlands. Wenn „die da oben" sowieso alles bestimmen, braucht man nicht selbst aktiv zu werden. In der DDR durfte man das nicht. Die Folgen autoritärer Erziehung und das pauschale Verantwortlichmachen der „Oberen" für alle Probleme bremst auch in der heutigen Zeit offenbar das Engagement der „Unteren", zumindest vieler.

Widerspruch 3: Die Guten – die Fremden, Unbekannten

In der DDR gab es Einteilungen in „die Guten" und „die Bösen". Die Guten, das waren die DDR, der Sozialismus, die SED, die Sowjetunion. Die Bösen, das waren der Kapitalismus, die BRD, der Westen, der Imperialismus. Eine Differenzierung innerhalb dieser Zuschreibungen war nicht möglich, ja verboten. Dass zum Beispiel sowjetische Soldaten am Ende des Zweiten Weltkriegs Zehntausende Frauen vergewaltigten, durfte nicht gewesen sein. Es waren ja die Befreier, die „sowjetischen Brüder". Der Hinweis auf diesen Fakt relativiert nicht die Verbrechen der Naziwehrmacht in Osteuropa, sondern zeigt das Drama, das für viele Menschen, die selbst oder als Angehörige oder Zeugen betroffen waren, mit dem Verschweigen verbunden war. Es hatte in der DDR keine Probleme mit Rechtsextremismus zu geben, Nazis existierten per definitionem nicht, ihre Überfälle und anderen Aktivitäten wurden in „Rowdytum" aufgrund von westlichem Einfluss umbenannt. Es hatte ja auch keine Vertreibungen gegeben, nur „Umsiedlungen".

Bei den Guten war alles gut, bei den Bösen alles böse. Eine Kultur differenzierter Betrachtungen wurde im Kein erstickt, wenn sie gelegentlich aufflackerte. Deren Protagonisten wurden zu den „Bösen" ausgebürgert (Biermann, Bahro und viele andere).

Diese Pauschalisierungen wirken fort. Die Widersprüchlichkeit dieser Diktaturfolge beschränkt sich aber nicht auf „gut" und „böse". Die verordnete Teilung impliziert, dass es keine Grautöne oder Farben geben darf, dass Suchbewegungen nach Neuem systemgefährdend sind, dass das unbekannte Terrain bedrohlich ist und man es nicht betreten darf. Die Ordnung des Bestehenden darf nicht gefährdet werden, also muss alles „Fremde" abgewehrt und abgelehnt werden. Nur so ist zu erklären, dass in den Gebieten der ehemaligen DDR schon kurz nach der Wiedervereinigung ausländerfeindliche Stimmungen verbreitet waren, obwohl es keine „Ausländer" gab. Die wenigen Vertragsarbeiter in der DDR aus Vietnam waren wie in Rostock in geschlossenen Blocks untergebracht. Vor allem machten die DDR-Bürgerinnen und Bürger keine Erfahrungen mit „Fremden". Das Verbot der Reisen in den Westen beschränkte die Erfahrungen auf die Länder des damaligen Ostblocks, die Bewohner der damaligen Sowjetunion wurden als „die Guten" verklärt, alle anderen waren böse oder zumindest fremd und damit potenziell böse.

Mittlerweile existieren Gegenden, in denen das Entstehen von Verunsicherungen (nicht von Hass und Rassismus!) nachvollziehbar ist, wenn zum Beispiel in einem Dorf mit 200 Einwohnern 60 asylsuchende Menschen einquartiert wurden. Doch das sind Ausnahmen. Die Fremdenfeindlichkeit beruht im Kern auch nicht auf sozialen Faktoren. Erhebungen des sozialen Status von Teilnehmenden der Montagsdemonstrationen ergaben, dass die Mehrheit Handwerksmeister, Anwälte, Ärzte und Angehörige ähnlicher Berufe waren, also Menschen, die in ihrem sozialen Status nicht von syrischen Flüchtlingen bedroht wurden. Die Erklärung, dass die teils heftige Ablehnung des und der Fremden vor allem eine Folge autoritärer Einstellungen und Folge der Weitergabe der beschriebenen Diktaturerfahrungen ist, ist schlüssiger. Geprägt war die Führungsschicht in der DDR (auch die untere) von Menschen mit einer „autoritären Persönlichkeitsstruktur", die schon von Horkheimer und Adorno[8]

---

8   Theodor W. Adorno, Studien zum autoritären Charakter, Berlin 1995.

beschrieben wurde. Zu deren Merkmalen gehört, dass sie nach oben buckeln und nach unten treten und dass sie sich von allem „Fremden" wie Homosexualität oder Migrant bedroht fühlen und sie massiv ablehnen.

Widerspruch 4: öffentlich – privat

Wenn es gefährlich ist, sich öffentlich zu äußern, unterlässt man es konsequent und zieht sich ins Private zurück. Diese Trennung zwischen Privatem und Öffentlichem durchzog die gesellschaftliche Kultur der DDR und ist ein Erbe der Diktaturerfahrungen. Das Öffentliche in der DDR war oft verlogen. Ihm begegnete man mit Misstrauen. Die Gefahr, bespitzelt zu werden, war allgegenwärtig. Vor allem in kirchlichen Kreisen mit oppositionellen Tendenzen waren Spaziergänge in der Natur die einzige gefahrlos scheinende Möglichkeit, über öffentliche Angelegenheit und damit über politische Fragen zu reden. Viele unterließen dies ganz, der Rückzug aus dem Öffentlichen wurde oft zu einem Rückzug aus dem politischen Denken. Die Mauer stand nicht nur in Berlin, sondern existierte auch in vielen Menschen in ihrem Denken und Fühlen, als Mauer zwischen Privatem und Öffentlichem.

Um noch einmal auf die 68er-Bewegung zurückzukommen: Eine ihrer verändernden Bestrebungen bestand darin, die Trennung zwischen Privatem und Öffentlichem tendenziell aufzuheben. In dieser Zeit wurden, wie ich schon erwähnt habe, die Eltern gefragt: Was habt ihr eigentlich im Nationalsozialismus gemacht? Es gab oft keine Antworten, aber immer mehr Fragen. Nach dem Untergang der DDR unterblieben Fragen nach dem, wie die Menschen sich in der DDR verhalten hatten. Das Private blieb im Vordergrund. War schon vorher oft der Quelle-Katalog wichtiger als die Menschenrechte, so verstärkte sich diese Tendenz noch. Während einerseits Familien auseinanderbrachen, weil Hunderttausende junge Menschen in die alten Bundesländer zogen, wurde die Nutzung der neuen Konsummöglichkeiten zum Furor. Das Zusammenbrechen vieler Betriebe und die Arbeitslosigkeit verstärkten den privaten Rückzug. Alles, was öffentlich war, war diffus und gefahrvoll, und dies bleibt bei vielen so.

Eine Folge diese Trennung von Öffentlichem und Privatem zeigt sich auch darin, dass viele der dadurch geprägten Menschen sich nicht gut und nicht selbstbewusst in der Öffentlichkeit präsentieren konnten und zum Teil noch können. Frauen mit hohen Kompetenzen, die nach 1990 in die „alten" Bundesländer umzogen, berichteten davon, dass sie von den „Westfrauen" eingeschüchtert waren – bis sie merkten, dass manche nur ein Wochenendseminar zu einem Thema besucht hatten, worin sie selbst jahrelange Berufserfahrungen hatten; doch die anderen konnten sich besser „verkaufen". Wer sich in der Öffentlichkeit wenig zeigen durfte, tendiert meist zu Bescheidenheit und Zurückhaltung. Zudem galt es meist als eine Form gemeinschaftsschädigenden Verhaltens, sich selbst in den Vordergrund zu stellen. Der Einzelne zählte nichts, das Kollektiv alles. Dies könnten Faktoren sein, warum immer noch zahlreiche Leitungsposten in den neuen Bundesländern von Personen besetzt werden, die aus den alten Bundesländern stammen.

Vor allem in der Trennmauer zwischen Öffentlichem und Privatem wirken die Diktaturerfahrungen nach. Wie immer: nicht bei allen und nicht nur in den Bundesländern der ehemaligen DDR. Aber bei vielen.

Widerspruch 5: Sicherheit – Rebellion

Alle Menschen haben ein Grundbedürfnis nach Geborgenheit. Diktaturen nutzen das aus. Sie versprechen Sicherheit und rechtfertigen damit den Verlust von Grundrechten: Stabilität statt Meinungsfreiheit, Bekämpfung der Kriminalität statt freie Medien, geschlossene

Grenzen statt Reisefreiheit. Diese Versprechen von Sicherheit aus der DDR wirken nach und wurden weitergegeben. Viele mutige Menschen nutzten den Zusammenbruch der DDR als Chance, Neues zu wagen. Sie lasen neue Bücher, veränderten den Wohnort, suchten neue Ausbildungen oder berufliche Herausforderungen. Sie gaben Sicherheiten auf und sahen das nicht oder nicht nur als Bedrohung, sondern als Möglichkeit der Veränderung. Doch vielen machten die massiven Veränderungen, die mit der Wiedervereinigung und den sozialen und kulturellen Folgen des Untergangs der DDR einhergingen, Angst und sie verunsicherten sie existenziell. Das verstärkte den Rückzug ins Private und die Tendenz, „die da oben" für die Veränderungen und Verunsicherungen verantwortlich zu machen. Viele fühlten und fühlen sich in ihrer wirtschaftlichen Existenz bedroht, auch wenn es fast allen wirtschaftlich viel besser geht als zu früheren Zeiten. Solche Tendenzen gab und gibt es auch in westeuropäischen Ländern, doch haben die Diktaturerfahrungen sie offenbar verstärkt. Statistiken verändern keine Gefühle.

Auf der anderen Seite gab und gibt es die Rebellion. Zehntausende haben gegen die Diktatur demonstriert und mutig ihre Stimme erhoben. Doch nur eine Minderheit, die als Dissidenten bezeichnet wurde, vertraten Forderungen nach demokratischen Grundwerten. Die Mehrheit wollte nicht mehr gegängelt werden, wollte eine bessere Versorgung und Reisefreiheit. Wenn ich in den letzten Jahren wiederholt hörte: „Dafür haben wir damals nicht gekämpft", stellte ich die Frage: „Wofür haben Sie denn gekämpft?" Die Antworten blieben fast immer diffus: „Damit es anders wird." Der Wohlstand des Kapitalismus war kein abstraktes Versprechen wie der Kommunismus, sondern war mit jeder Sendung des Westfernsehens und jedem Päckchen von Verwandten aus der BRD sinnlich erfahrbar. Darauf zielte bei vielen die Rebellion: gleiche Lebensmöglichkeiten wie im Westen.

Die Erfahrungen der Diktatur in der DDR wirken nach, auch über die Generationen hinweg. Sie sind, wie beschrieben, komplex und widersprüchlich. Diese Widersprüchlichkeiten zu erkennen und auszuhalten, ist notwendig, um die Gegenwart zu verstehen und Perspektiven für die Zukunft zu entwickeln.

Kulturell wirkt aber auch die Tradition der Rebellion bei zahlreichen jungen Menschen der nächsten Generation nach.

Was notwendig ist: eine emotionale Erinnerungskultur

Verschweigen der Diktaturerfahrungen hilft nicht, zumindest nicht auf Dauer. Reden statt verdrängen hilft. Die oft zu beobachtende Sprachlosigkeit zwischen Generationen legt einen Schleier über die Erfahrungen in der DDR und deren Folgen. Es gab bis auf wenige Ausnahmen keine konkrete und die persönlichen Erfahrungen einbeziehende Auseinandersetzung mit dem Vergangenen und Gegenwärtigen. Am ehesten noch bei einigen Opfern der Gewalt der Diktatur, bei den Tätern und Mitläufern nicht.

Doch „Reden statt verdrängen" darf sich nicht nur auf Fakten und kognitive Erkenntnisse beziehen. Es geht insbesondere um Gefühle, Stimmungen, Atmosphären, bei einzelnen Personen wie bei Gesellschaften. Wird etwa über *Angst* nicht geredet, bleibt sie lebendig. Die Angst als Grundgestimmtheit lebte fort und zeigte ihr Gesicht in der Angst vor Arbeitslosigkeit und wirtschaftlicher Not. Nicht, dass solche Ängste nicht auch berechtigt waren – ihre lähmende Kraft aber erhielten sie durch das Verschweigen der Angsttradition der Diktatur.

Auch *Schuldgefühle* wurden verdeckt. Dass es Hunderttausende Stasi-Mitarbeiter gegeben hatte und noch mehr freiwillige Denunzianten, dass die SED, deren „Schwert und Arm" die Stasi war, allein 1989 gut 2,3 Millionen Mitglieder hatte, dass eine breite Funktionärsschicht die Diktatur stützte, dass in Kitas, Schulen, Betrieben, Jugendhilfe, im Rechts- und Gesundheitssystem Menschen verfolgt und unterdrückt worden waren – all das rief keine Auseinandersetzung mit Schuldgefühlen hervor. Schuldig waren nur „die da oben" oder „der Honecker".

Schamgefühle waren ebenfalls verbreitet und hielten viele Menschen davon ab, sich mit ihrer persönlichen Geschichte und der ihres Landes auseinanderzusetzen. Manche schämten sich, dass sie 1989 Begrüßungsgeld bekamen und vorher schon der Pakete aus dem Westen. Gesellschaftliche Beschämungen durch arrogante Westler und der Verlust von Arbeitsplätzen riefen ebenfalls Scham hervor, ebenso die Notwendigkeit, die Anerkennung von Berufsabschlüssen beantragen zu müssen.

Noch ein Gefühl bzw. das Fehlen noch eines Gefühls spielt eine besondere Rolle: die *Trauer.* Trauern ist ein Gefühl des Loslassens. Sie entsteht, wenn Menschen etwas verlieren, und sie begleitet und unterstützt die Bewältigung von Verlusten. In der DDR gab es wie in anderen Diktaturen keine Trauerkultur, außer in manchen kirchlichen Kreisen. Diese fehlende Trauerkultur setzte sich nach 1989 machtvoll fort. Das führte teilweise zu nostalgischen Verklärungen der Vergangenheit und häufig zu privatem Rückzug und Erstarrung oder zu Aggressivität gegen Fremde und „die da oben".

Wir wissen aus vielen Untersuchungen und Erfahrungen, dass zur Grammatik der Gefühle die Fähigkeit der Menschen gehört, Gefühle „umzutauschen". Wenn Gefühle wie Scham, Angst, Schuld oder auch Hilflosigkeit und Trauer nicht geteilt werden und die fühlenden Menschen dadurch keine Entlastung oder Unterstützung erfahren können, dann schlagen sie häufig in *Aggressivität* um. Hinter manchen aggressiven Gefühlsäußerungen stecken andere Gefühle.

Eine emotionale Erinnerungskultur wäre nach dem Zusammenbruch der DDR notwendig gewesen. Sie fehlte auch in anderen osteuropäischen Ländern. Ob sie nachgeholt werden kann, ist zweifelhaft. Dass sie endlich beginnen sollte, steht ohne Zweifel fest. In jedem Fall wäre eine – auch emotionale – Auseinandersetzung mit den unmittelbaren und transgenerativen Folgen der Diktaturerfahrungen fruchtbar und nützlich.

Unregierbar? Nach den Landtagswahlen 2024 stehen die neuen Bundesländer unter verschärfter Beobachtung

VON MATHIAS BRODKORB

„Bloß keine Wählerbeschimpfung! Doch, genau das muss jetzt leider sein." So ätzte der Kabarettist Florian Schroeder kurz nach den Wahlen in Sachsen und Thüringen. Bei allem, was dann noch folgte, fühlte man sich zwangsläufig an den sprichwörtlich „arroganten Wessi" von Anfang der 1990er Jahre erinnert: Die „Selbstkasteiung etablierter Parteien" habe gar keinen Sinn; wer die migrationskritischen Parteien AfD oder Bündnis Sahra Wagenknecht (BSW) wähle, mache damit nur deutlich, vom „Prinzip Freiheit leider überfordert" zu sein. Im Osten gebe es schließlich viel weniger Ausländer als im Westen. Wer dennoch AfD oder BSW wähle, sei also entweder einfach „grottendoof oder hinterfotzig". Es ist nicht der Osten, an dem die Vollendung der Wiedervereinigung derzeit scheitert. Es sind Leute vom Geiste Schroeders.

Falsches Demokratieverständnis?

Im politischen Raum vernimmt man durchaus ähnliche Stimmen. Das Wahlverhalten der Ossis habe wie vor 35 Jahren noch immer mit einem mangelhaften Demokratieverständnis zu tun, dozieren vor allem westdeutsche Intellektuelle und Politiker. Gemeint ist damit nicht, die Ossis wären in ihrer übergroßen Mehrheit keine Demokraten. Gemeint ist, sie hätten noch immer ein falsches Demokratieverständnis. Deutschland sei nämlich eine repräsentative Demokratie und keine direkte. Entscheidend sei nicht, was das Volk wolle, sondern was das Parlament beschließe. Und das hätten viele Ossis noch immer nicht begriffen. Dabei wird ignoriert, dass auch die Legitimität der repräsentativen Demokratie allein aus der Souveränität des Wahlvolks folgt. Und genau deshalb kann sie sich auf Dauer auch nicht von dessen Willen entkoppeln, ohne sich und ihre Eliten zu delegitimieren. Man könnte daher in der Tat die Frage stellen, wer von beiden eigentlich weniger von der Praxis der Demokratie verstanden hat: der Ossi oder der Wessi.

Eine zweite Begründung für das Wahlverhalten des Ostens kommt hinzu. Während vor mehr als 30 Jahren noch soziale Notlagen als Erklärungsgrund für die Abweichung des Ostens vom bundesrepublikanischen Standard herhalten mussten, sind es heute angebliche Ermüdungserscheinungen. Die Ossis seien einfach psychisch erschöpft. Und in der Tat hat der Osten Umbrüche mitgemacht, von denen man im Westen gar keinen Begriff hat: Zusammenbruch der Wirtschaft, Massenarbeitslosigkeit, Abwanderung von Fachkräften in Millionenhöhe, Halbierung der Geburtenzahlen quasi über Nacht, daraufhin Massenentlassungen von Erziehern und Lehrern, Schulschließungen en masse sowie Rückbau des Staates allerorten.

Ich kann das deshalb ganz gut beurteilen, weil ich damals Landtagsabgeordneter in Mecklenburg-Vorpommern war. Die gesellschaftlichen und finanziellen Probleme waren ohnehin groß genug. Und dann brachen Anfang der 2000er Jahre wegen einer großen Steuerreform unter Bundeskanzler Gerhard Schröder (SPD) plötzlich die Einnahmen weg. Von heute auf morgen klaffte eine Finanzlücke von fast 20 Prozent im Landeshaushalt. Nicht einmal durch die Schließung aller Schulen hätte man sie beseitigen können. Die zweite rot-rote Regierung tat damals in Mecklenburg-Vorpommern, was Javier Milei heute in Argentinien tut: Man holte die Kettensäge raus. Nach nur zwei Jahren hatte sich das strukturelle Defizit prompt in Luft aufgelöst. Es war die wahrscheinlich brutalste Haushaltsanpassung, die die Bundesrepublik jemals gesehen hat. So wurde etwa beschlossen, die Zahl der Mitarbeiter im Landesdienst von rund 40 000 auf 30 000 zu reduzieren.

Heute wäre so etwas unvorstellbar. Nicht nur, weil sich das Wahlvolk durch die sozialen Medien viel leichter und energischer Gehör verschaffen kann als einst. Damals war das Selbstbewusstsein der Ossis noch immer doppelt gebrochen. Diejenigen, die die Wende gewollt hatten, konnten sich über die neuen Verhältnisse nicht beschweren. Und die anderen, die sie nicht gewollt hatten, fühlten sich noch immer als Verlierer der Geschichte. Zu ihrem Schweigen trug auch die Tatsache bei, dass die soziale Zerrüttung des Ostens erst im zweiten Jahrzehnt nach der Wende ihren Höhepunkt erreicht hatte. Es sind nicht die sozial Deklassierten, die sich am meisten politisch engagieren. Sie haben mit ihrem Lebensschicksal meist schon genug zu tun. Es liegt daher nahe, den Osten heute als reformmüde zu interpretieren. Die Sache hat nur einen Haken: Hinter dieser Figur schlummert noch immer derselbe Paternalismus, der kurz nach der Wende als „Arroganz" betitelt wurde. Der Westen fühlt sich noch immer wie die strengen Eltern eines leider schwer erziehbaren Kindes. Dasselbe Gefühl zivilisatorischer Überlegenheit wird noch immer über den Osten ausgegossen, aber in Vokabeln der Anteilnahme

verpackt. Weder fehlt es dem Osten aber am Verständnis für die Demokratie, noch ist er psychisch überfordert. Er ist einfach erwachsen
und dadurch selbstbewusster geworden.

Die wirtschaftlichen und sozialen Probleme, die einst einen Unterschied zwischen Ost und West markierten, sind nicht mehr so groß
wie früher – und nicht mehr der entscheidende Punkt. Auch jenen,
die sich einst als Verlierer fühlten, geht es heute jedenfalls sehr viel
besser als in der DDR. Die meisten von ihnen haben mit der historischen Niederlage ihren Frieden gemacht. Wahrscheinlich verkörpert
diesen Prozess des politischen Erwachsenwerdens niemand mehr als
Sahra Wagenknecht. Noch in den 1990er Jahren war sie Kommunis-
tin und trauerte vor laufenden Kameras der DDR nach. Sie fühlte
sich gedemütigt vom Lauf der Geschichte. Heute begründet sie ihre
Wirtschaftspolitik nicht mehr mit Walter Ulbricht, sondern mit Lud-
wig Erhard. Und auch sie wünscht sich die DDR nicht zurück. Man
könnte das für einen Erfolg der deutschen Demokratie halten.

Der Widerstand des Ostens gegen die Folgen von Globalisierung
und Migration ist kein intellektueller Defekt, sondern Ausdruck
eines neu gewonnenen Selbstbewusstseins. Das einst schwer erzieh-
bare Kind hat sich wider Erwarten doch noch ganz gut entwickelt.
Bloß nicht so, wie dessen Eltern das geplant hatten. Der Osten hat
andere Vorstellungen davon, wie Deutschland sich entwickeln sollte.
Wenn man die Idee der Demokratie und mit ihr das Recht auf eine
eigene Meinung ernst nimmt, muss man zwangsläufig die Idee einer
Umerziehungsrepublik ad acta legen. Die Ossis haben das Recht, anders zu sein als die Wessis. Demokratien leben nicht davon, dass die
einen die anderen umerziehen, sondern davon, dass unterschiedliche Meinungen im demokratischen Kompromiss miteinander ver-
mittelt werden.

Die geopolitische Zeitenwende aus ostdeutscher Perspektive

Der Osten muss politisch und kulturell nicht so werden wie der Westen. Dazu wird es in den nächsten 35 Jahren wohl ohnehin nicht kommen. Zumindest in geopolitischen Fragen könnte er dem Westen sogar voraus sein – und zwar in einem Punkt, der in den Wahlkämpfen in den ostdeutschen Ländern vor allem bei AfD und BSW eine zentrale Rolle gespielt hat. Der Westen Deutschlands ist mental, kulturell und politisch an den bisher von den USA dominierten Westen gekettet. Die Debatten um den Krieg in der Ukraine nehmen sogar in intellektuellen Kreisen neurotische Züge an. Wer auch nur die eine oder andere kritische Nachfrage zur historischen Rolle der NATO unter Führung der USA in diesem Konflikt stellt, wird nicht selten als Putinversteher oder Unterstützer eines Diktators diffamiert. Der Osten wiederum ist von einer diffusen Sympathie für Russland und antiamerikanischen Ressentiments geprägt. Natürlich hat das auch etwas mit 40 Jahren DDR, der „Erziehung zu Frieden und Sozialismus" unter der „Führung der großen Sowjetunion" zu tun. Es handelt sich um Echoeffekte. Und dennoch könnte darin ein Schlüssel zum politischen Verständnis des 21. Jahrhunderts liegen. Geopolitisch gehörte das 20. Jahrhundert den USA. Die alte Bundesrepublik hat ihnen zu erheblichen Teilen nicht nur den Wiederaufbau, sondern durch Einbindung in den politischen Westen auch Stabilität und Wohlstand zu verdanken. Aber es ging Amerika nie nur um Menschenrechte und Demokratie. Es ging immer auch um die eigenen Interessen. Dazu wurden – wie im Falle des Iraks – auch Kriege auf der Grundlage von Lügen geführt.

So naiv es also wäre, handfeste amerikanische Eigeninteressen zu bestreiten, so unwahrhaftig wäre es, ihr Handeln allein darauf reduzieren zu wollen. Die Wessis tun trotzdem meist das eine, die Ossis das andere. Im 21. Jahrhundert wird es mit hoher Wahrscheinlichkeit aber keine US-amerikanische Hegemonie mehr geben, so wie sich gegen Ende des 19. Jahrhunderts die Vormachtstellung des britischen Empires in Luft auflöste. Es wird eine neue multipolare Weltordnung entstehen. Neben die USA und Russland werden China und Indien als Supermächte treten. Schon heute ist China – gefolgt von den USA – nach Schätzungen des Internationalen Währungsfonds (IWF), gemessen an der Kaufkraft, das wirtschaftlich stärkste Land der Welt. Auf Platz drei folgt bereits Indien, dann kommen Japan, Deutschland und Russland auf Platz sechs. Allein zwischen 1980 und 2019 hat China sein Bruttoinlandsprodukt fast verfünfzigfacht, die USA haben das ihre nur verachtfacht. Es ist also einigermaßen offensichtlich, wohin die Reise geht. Und deswegen war es eine der schlechtesten Amtsleistungen von Annalena Baerbock (Grüne), im Jahre 2023 den chinesischen Präsidenten auf öffentlicher Bühne als „Diktator" beschimpft zu haben.

Der deutsche Westen verhält sich gegenüber seinem Osten wie Deutschland gegenüber dem Rest der Welt. Dabei könnte der Osten dabei helfen, das Ausmaß dieser geopolitischen Zeitenwende besser zu verstehen. In diesem Zusammenhang sind dessen Ressentiments gegenüber den USA ebenso hinderlich wie die regelrecht libidinösen Gefühle Westdeutschlands. Aber beide Positionen lassen sich konstruktiv miteinander vermitteln. Es wäre kein Widerspruch, sich jederzeit den westlichen Werten verbunden zu fühlen, aber weltpolitisch nicht auf Belehrung oder Umerziehung anderer zu zielen, sondern auf Interessenausgleich und politische Stabilität. Deutschland und Europa könnten zu Maklern in einer multipolaren Welt werden und so zum Frieden beitragen.

Diese weltpolitischen Fragen spielten bei den Landtagswahlen im Osten eine viel größere Rolle, als man im Westen vielleicht vermutet. AfD und BSW haben kommunikativ nicht ohne Grund auf das Thema „Frieden" gesetzt. Das zeigt sich auch in meinem familiären Umfeld. Darunter befinden sich einige ehemalige DDR-Staatsbedienstete im eigentlichen Sinne: Lehrer, Polizisten, Soldaten der NVA – teils mit ehemaliger SED-Mitgliedschaft aus Überzeugung. Dass die DDR gescheitert ist, haben sie ziemlich schnell anerkannt, sich von der Kapitalismuskritik auf emotionaler Ebene aber nie verabschiedet. Erst wählten sie fast alle trotzig die PDS, dann einige irgendwann die SPD. Es war im Grunde wie mit dem politischen Erwachsenwerden Sahra Wagenknechts. Niemand von ihnen will die DDR zurück. Aber ich bin sicher, dass fast alle von ihnen bei der nächsten Wahl das BSW wählen werden. Zwei Motive treiben sie an. Sie wollen, dass die Politik für Ruhe und Ordnung sorgt. Das Leben soll einfach seinen Gang gehen können. Es geht um Frieden und geordnete Verhältnisse im Land. Und sie wollen, dass es dabei gerecht zugeht. Das meint nicht, dass das Bürgergeld immer weiter erhöht werden soll. Es soll vielmehr jenen geholfen werden, die wirklich wollen, es aus eigener Kraft aber nicht schaffen. Und dass Besserverdienende zum sozialen Ausgleich beitragen. Sie haben nichts dagegen, Menschen in Not in Deutschland aufzunehmen, wenn diese sich an die Regeln halten. Aber sie haben etwas dagegen, dass der Staat die Kontrolle darüber verliert. Der SPD trauen sie fast alle nicht mehr zu, eine solche Politik noch zu garantieren. Es sind keine sozial deklassierten Idioten, die das BSW wählen. Es ist zu einem erheblichen Teil die akademisch gebildete Mittelschicht Ostdeutschlands.

Störgefühle bei Konformität

Szenenwechsel. Seit vielen Jahren gehöre ich einer Gruppe ehemaliger Politiker und Verwaltungsmitarbeiter an. Wir treffen uns mehrmals im Jahr zum Grillen. Darunter befinden sich Mitglieder ganz unterschiedlicher Parteien ebenso wie Parteilose. Sie alle waren Abgeordnete, Mitarbeiter von Fraktionen, Spitzenbeamte oder Minister im Land Mecklenburg-Vorpommern. Mehrere von ihnen wollen bei der nächsten Wahl das Bündnis von Sahra Wagenknecht wählen. Einer ist inzwischen aus seiner bisherigen Partei ausgetreten und hat einen Aufnahmeantrag beim BSW gestellt; ein anderer überlegt noch. Auch er müsste dafür aus der SPD austreten. Und die anderen, die das BSW weder wählen noch dort Mitglied werden wollen, können das alles zumindest verstehen. Die Runde besteht aus Wessis und Ossis. Wenn es um den Krieg in der Ukraine geht, fliegen die transatlantischen Fetzen – aber nie so, dass es zu persönlichen Zerwürfnissen käme. Wahrscheinlich könnten wir uns jederzeit auf diese Formel verständigen: Wir verteidigen zwar die Werte des Westens, aber wir ketten uns im 21. Jahrhundert nicht blind an eine der Großmächte. Als wir uns Anfang September 2024 zum letzten Mal in diesem Jahr trafen, hatten Sachsen und Thüringen gerade gewählt. Niemand war überrascht, niemand empört. Und alle waren sich einig in der Frage, warum der politische Westen den Osten zunehmend verliert. Die Wessis aus der Runde kennen Mecklenburg-Vorpommern aus jahrzehntelangem eigenen Erleben.

Es geht nicht in erster Linie um Fragen der sozialen Deklassierung und schon gar nicht um angebliche Reformmüdigkeit. Es geht darum, dass gesellschaftliche Probleme nicht gelöst werden und zugleich wichtige Eliten des Westens noch immer glauben, den Leiter in einem Umerziehungslager mimen zu müssen. Ein Teilnehmer der Runde (Ossi, nie SED-Mitglied gewesen) sagte: „Der Bruch kam mit der Migrationskrise und wurde mit der Coronapandemie verstärkt. Das waren Zäsuren im ostdeutschen Emotionalhaushalt." Gemeint war damit, dass seit 2015 mediale Jubelorgien über die „Willkommenskultur" abgehalten wurden und man Menschen, die vor Ort auf massive Probleme hinwiesen, als „Nazis", mindestens aber als „rückschrittlich" oder „verdächtig" titulierte. Das Auseinanderklaffen von gesellschaftlicher Wirklichkeit und offizieller Propaganda kennt der Osten aus der DDR allerdings zur Genüge. Die Coronapandemie dürfte dieses ostdeutsche Störgefühl dann noch einmal potenziert haben. Wer damals Zweifel an den staatlichen Maßnahmen anmeldete, sei ruck, zuck zum „Schwurbler" oder „Querdenker" erklärt worden. Am Ende seien das bloß Chiffren für „Nazi" gewesen: „Der Ossi reagiert schneller als der Wessi auf solche Dinge. Wer sich seine persönliche Freiheit selbst erkämpft hat, gibt sie nicht ohne Not freiwillig wieder her." Alle nicken mit dem Kopf. Den Ossi hat schon einmal eine Schlange gebissen, deshalb fasst er heute keinen Gartenschlauch mehr an. Dem kulturellen und politischen Selbstbild des Westens Deutschlands entspricht das alles nicht. Aber wirkliche Freiheit in der Demokratie bedeutet nicht, dass man wie ein Fisch im Wasser mit dem vorgegebenen Strom schwimmen muss. Das erinnert an die DDR. Echte Freiheit bedeutet, eine andere Meinung haben zu können, ohne dass man deshalb gesellschaftlich zur Unperson erklärt wird.

Westdeutsche Überheblichkeit schadet dem Land

Der politische Westen scheitert zunehmend an der gesellschaftlichen Realität. Bereits vor vier Jahren legte der damalige Fraktionschef der CDU in Thüringen, Mike Mohring, seiner Partei nahe, notfalls über ein Bündnis mit der Linkspartei nachzudenken. Andernfalls sei der Osten auf absehbare Zeit unregierbar. Sein Vorstoß endete in einem Debakel. Er wurde aus dem Amt gedrängt, und die CDU fasste stattdessen auf Bundesebene einen Grundsatzbeschluss: Weder eine Zusammenarbeit mit der AfD noch mit der Linkspartei komme für sie jemals infrage. Es war ein Beschluss gegen die politische Wirklichkeit, ein Beschluss des Westens gegen den Osten. Die CDU hievte damals lieber Bodo Ramelow von der Linkspartei ins Amt des Ministerpräsidenten, als mit der Linkspartei zu koalieren. Der damalige Beschluss gilt bis heute. Allerdings steht nun das BSW von Sahra Wagenknecht bereit. Der einzige politische Vorteil der CDU besteht heute darin, keinen Unvereinbarkeitsbeschluss mit dem BSW gefasst zu haben. Der wird wohl auch nicht mehr kommen. In Sachsen haben mehr als 40 Prozent der Wähler AfD oder BSW gewählt, in Thüringen über 60 Prozent AfD, Linkspartei oder BSW. Heute schließt es die CDU also nicht aus, mit der Parteineugründung Sahra Wagenknechts zusammenzuarbeiten, während die SED-Nachfolgerin Linkspartei als Unberührbare gilt. Das ist lächerlich, denn Sahra Wagenknecht war einst die Chefin der Kommunistischen Plattform der PDS. Lieber also mit Postkommunisten als mit Sozialisten regieren? Hätte die CDU schon vor vier Jahren auf Mike Mohring gehört, säße sie heute nicht in diesem Schlamassel. Aber sie hätte dem Westen der Republik dann viel zu erklären gehabt. Und als wäre all das noch nicht genug, verschärfen Friedrich Merz (CDU) und Markus Söder (CSU) die ideologische Gangart auch gegenüber den Grünen. Man will – zumindest auf Bundesebene – nichts mit der Linkspartei, der AfD, dem BSW oder ebenden Grünen zu tun haben.

Im für die Union glücklichsten Fall werden Linkspartei und FDP im Jahre 2026 nicht mehr im Deutschen Bundestag vertreten sein. Nimmt man einfach an, die AfD bekäme dann 20 Prozent, BSW und Grüne jeweils zehn, die Unionsparteien 30 und die SPD 15, wäre eine Regierungsmehrheit auf Bundesebene gerade noch so gesichert (falls eine derart gebeutelte SPD nicht beleidigt wäre und lieber die Opposition vorzöge). In den ostdeutschen Ländern wäre unter diesen Prämissen auf absehbare Zeit ohnehin keine stabile Regierungsmehrheit mehr zu haben. Würde es die Linkspartei mit fünf Prozent doch noch irgendwie in den Bundestag schaffen, wäre die Unregierbarkeit auch auf Bundesebene perfekt. Und das alles als Ergebnis einer seit 35 Jahren andauernden Besserwisserei. Das bis heute nicht überwundene Gefühl westdeutscher Überlegenheit könnte also demnächst das ganze Land ins Chaos stürzen. Man hätte dann das Landeswohl endgültig parteipolitischen Interessen und der eigenen Überheblichkeit geopfert.

Widerstands-Travestie
Von wahren und falschen Dissidenten

VON MARKO MARTIN

Gegen Ende seines Lebens zeigte sich der britisch-polnische Soziologe Zygmunt Bauman (1925–2017) skeptisch, ob Erfahrungen über Generationen hinweg tatsächlich vermittelbar seien – und gar das Potenzial besäßen, auch in Gegenwart und Zukunft hineinzuwirken. „Nachgeborene wissen besser (anders) als ich, was ihre Welt ist; sie wissen nicht so gut (oder anders), was sie nicht ist. Aber ihnen ihre Welt mit einem Verweis auf die Vergangenheit beschreiben zu wollen, die ich erlebt habe, ist, wie ihnen zu erklären, was Wasser ist, indem man ihnen eintrichtert, dass es keine feste Substanz ist."

Mit Blick auf die sogenannten neuen Bundesländer würden haupt- oder freiberufliche Identitätsstifter hier vermutlich sogleich Widerspruch anmelden. Denn haben dort nicht „wir alle im Herbst 1989 Revolution gemacht", worauf man nicht nur zu Recht stolz sein könne, sondern deshalb sogar in der Lage sei, die einstige Widerständigkeit als emanzipatorisches Erbe weiterzugeben?

Wünschen, die sich als Schlussfolgerungen ausgeben und darüber hinaus auf Projektionen beruhen, sollte indessen mit Vorsicht begegnet werden – gerade dann, wenn man mit ihnen sympathisiert. Denn was wäre tatsächlich bezirzender, käme zur altbundesdeutschen Geschichte einer erfolgreichen Westbindung nun die emanzipatorische

89er-Erfahrung des Ostens? Umso mehr in löblich motivierenden Sonntagsreden auch kaum je der Hinweis darauf fehlt, dass sich „die" Ostdeutschen – im Unterschied zu „den" Westlern, die dank Marshallplan, Reeducation, NATO und damaliger EWG quasi in die Demokratie hineingetragen worden waren – ihre Freiheit selbst erkämpft hatten, damals auf den Straßen von Leipzig, Dresden und Ostberlin. Außerdem: Hatte es jene berühmten Montagsdemos, die das SED-Regime schließlich implodieren ließen, nicht sogar in kleinen Städten gegeben – etwa im vogtländischen Plauen, dessen Straßen voller Menschen gewesen waren, die sich nun erstmals in ihrem Leben trauten, ihre Bürgerrechte öffentlich einzufordern?

Wohl wahr. Die politische, aber auch emotionale Energie jener Wochen und Monate, die plötzliche Angstfreiheit in den Gesichtern und in der gesamten Körperhaltung der Menschen, das Gewitzte der Plakataufschriften, ja der gesamte Move zählen zweifellos zu den schönsten und bewahrenswertesten Momenten in der bisherigen deutschen Geschichte.

Umso größer deshalb die Herausforderung, all dies nicht in wohlmeinend paternalistischem Kitsch zu ertränken, da im Herbst 89 eben keineswegs „wir alle auf den Straßen gewesen waren". Die Proteste gegen die gefälschte Kommunalwahl im Frühjahr jenes Jahres, quasi der erste Akt zum Zusammenbruch der Diktatur, waren von mutigen, doch verhältnismäßig wenigen Bürgerrechtlern initiiert worden; auch die nachfolgenden Demonstrationen, in denen Menschen ihre Ausreise aus der DDR forderten bzw. unter dem Slogan „Wir bleiben hier!" für demokratische Reformen stritten, war alles andere als eine „Volksbewegung". Und die Zehn-, ja Hunderttausenden, die sich danach bei den Montagsdemonstrationen auf die Straßen wagten, in Akten ungeheuren Muts ihre Angst überwanden, die in den ersten Oktobertagen 1989 noch von Polizei und Stasi-Kräften eingekesselt wurden, viele von ihnen zusammengeschlagen und brutal „zugeführt"? Ihnen kann die wiedervereinigte Bundesrepublik gar nicht dankbar genug sein, war zum damaligen Zeitpunkt doch keineswegs vorauszusehen, dass die Sowjetunion unter dem expansionsmüden KPdSU-Generalsekretär Michail Gorbatschow diesmal ihre Panzer in den Kasernen belassen und ihre ostdeutschen Satrapen ebenfalls vom Blutvergießen abhalten würde.

Hinter den Gardinen

Was danach geschah – und was aus heutiger Perspektive fälschlicherweise als „völlig logisch" erscheint –, ist deshalb ohne die Initialzündung jener ersten Massendemonstrationen gar nicht vorstellbar. Doch zur Erinnerung: Die DDR besaß damals knapp 17 Millionen Einwohner. Deren überwältigende Mehrheit hat also damals nicht demonstriert und war dann selbst bei den (nun gefahrlos gewordenen) Großmanifestationen nach dem Mauerfall, in denen eine zügige Wiedervereinigung gefordert wurde, nicht in der Öffentlichkeit sichtbar. Diese Tatsache zu konstatierten, impliziert keine moralische Wertung. Es könnte jedoch dabei helfen, sich von allzu romantisierenden Deutungen zu verabschieden und stattdessen den Blick auf Tiefenschichten – sowohl jene des Engagements wie jene des Abwartens – zu schärfen. Zwar ist es wahr, dass gesellschaftliche Umbrüche und Veränderungen immer zuerst von einer Minderheit angestoßen werden. Ebenso unbestreitbar ist indessen, dass es nicht Jahre, sondern Jahrzehnte braucht, um verinnerlichte Verhaltensmuster zu verändern (und zwar nicht „nachhaltig", wie das Modewort lautet, sondern in einem der lebendigen und das heißt auch immer: konfliktuösen Demokratie immanenten *work in progress*).

Zur weiteren Erinnerung: Von Ende 1932 bis zur ersten und letzten freien Volkskammerwahl im Frühjahr 1990 hatte es auf diesem

Territorium keine Möglichkeit demokratischer Abstimmungen gegeben. Dafür jedoch zwei Diktaturen, eine davon völker- und massenmörderisch, die keineswegs nur als Opferhistorie erzählbar sind, sondern auch Millionen Täter- und Mitläufergeschichten mit in den Blick nehmen müssen – inklusive unzähliger Mischformen in den individuellen Biografien.

Nicht zu vernachlässigen auch der ebenfalls Millionen zählende Braindrain: eine Massenflucht jener häufig besonders aktiven Bürger und „Leistungsträger", welche bereits in den ersten Tagen der damaligen Sowjetischen Besatzungszone begonnen hatte, sich bis zum Mauerbau 1961 fortsetzte und selbst in den Ausreisewellen der Achtzigerjahre und in der Bewegung der Botschaftsflüchtlinge vom Sommer 1989 noch nicht zum Ende gekommen war. In der kühlen Sprache der Bevölkerungsstatistik: „Durch Wanderungsverluste haben die ostdeutschen Bundesländer im deutschen Einigungsprozess rund 1,7 Millionen Bürger verloren."

Und die übergroße Mehrheit der dennoch „Dagebliebenen"? Summarische Urteile – ob nun harmonisierend-gesundbeterisch oder vom westlichen Podest politischer Korrektheit abwertend herabgesprochen – müssten sich eigentlich von selbst verbieten: Jede Pauschalaussage trägt ihre eigene Fehlerquote bereits in sich.

Zur Abwechslung deshalb einmal einer jener treffsicheren Ostaphorismen, populär geworden in der Zeit vor und nach der Wiedervereinigung und mitunter noch heute von manch Älterem zu vernehmen: „Dafür hammor im Herbst 89 nisch hinner den Gardinen gestandn." Was weit mehr ist als der berühmte „sächsische Mutterwitz": Als Travestie des pathetisch gegenwartsnöligen „Dafür sind wir damals nicht auf die Straße gegangen …" liefert der Spruch nicht nur die kluge selbstironische Einsicht in damalige Passivität, sondern auch in heutiges Kompensationshandeln, wie es etwa bei den sogenannten Montagsspaziergängen und den lautstarken Protesten gegen die Coronaauflagen sichtbar geworden war. Ein quasi nachgeholter Widerstand, nunmehr allerdings völlig risikolos und gegen die temporären Entscheidungen demokratisch gewählter Amtsträger gerichtet. Doch hätten sich deren zum Teil durchaus fragwürdige Verordnungen nicht anders kritisieren lassen als mit der absurd geschichtsrevisionistischen Behauptung, man lebe ja längst wieder in einer „DDR.2000"?

Eine solche Nachfrage wäre indessen ebenfalls sinnvoller, würde sie nicht andauernd im Tremolo moralischer Empörung gestellt, sondern mit Blick auf die Effizienz und Plausibilität diverser Forderungen und Haltungen. Denn in der Tat: Eine bis in unsere Tage hinein empfundene (nicht selten auch lautstark imaginierte) Ohnmacht rührt nicht zuletzt aus einer 1989-Erinnerung, die sich eben nicht aus gemeinsam überwundener Angstfreiheit speist, sondern im Gegenteil aus jenem mürrisch abwartenden Stehen hinter den Dederongardinen der Neubaublocks, Reihen- oder Einfamilienhäuser. In Letzteren wohnen häufig noch immer die gleichen Besitzer bzw. deren Kinder, während viele der damaligen heruntergekommenen Altstadthäuser inzwischen bezirzend restauriert sind – und, den gängigen Gentrifizierungslegenden zum Trotz, keineswegs allein finanziell potente westdeutsche Zuzügler beherbergen. Und nicht etwa wie in den Neunzigerjahren Massenarbeitslosigkeit, sondern fortgesetzte Massenabwanderung und Arbeitskräftemangel bedrohen ganze Regionen. Gleichzeitig spricht vieles dafür, dass jener „Gefühlsstau", den der Hallenser Psychotherapeut Hans-Joachim Maaz 1990 in einem gleichnamigen, zum kontrovers diskutierten Bestseller gewordenen Buch seinen Landsleuten bescheinigte, auch drei Jahrzehnte später noch immer wirkungsmächtig ist.

Das Opfernarrativ

Das kollektiv eruptive Aufbrausen, wie es die östlichen Wahlerfolge zuerst der SED-Nachfolger der PDS/Linkspartei und seither der AfD suggerieren, steht zu diesem „Gefühlsstau" nur vordergründig in Widerspruch – unabhängig davon, dass noch immer eine (fragile) Mehrheit der bei den jeweiligen Wahlen Abstimmenden nicht für diese Parteien votiert. Denn sowohl Linke – und nunmehr die Wagenknecht-Vereinigung BSW – wie auch die AfD bewirtschaften auf durchaus autoritäre Weise ein Opfernarrativ, das den angeblich seit 1990 „nach Strich und Faden betrogenen" Ostdeutschen eine einzige Form des Widerstandes offeriert: Wählt uns!

Unter den linken Forderungen nach noch mehr etatistischer „sozialer Gerechtigkeit" und dem ultrarechten Appell „Vollende die Wende!" (der bei der AfD häufig mit der Nostalgie nach einer zumindest ethnisch homogenen DDR-Volksgemeinschaft und einem kargen, jedoch autarken Wirtschaftsraum einhergeht) wird nicht etwa der mündige, sondern der in Wut versetzte Bürger angesprochen – und dabei mit einer Erfolg versprechenden Behauptung umgarnt: „Wir im Osten haben doch schon einmal ein Regime gekippt!"

Widerstands-Travestie hat somit ganz verschiedene Gesichter, wenn selbstverständlich auch nicht jeder Protest darunter zu subsummieren ist. Mag nämlich die auf öffentlichen Kundgebungen ebenso wie im privaten und semiprivaten Gespräch häufig zu hörende Formel „Wir im Osten lassen uns eben nüscht gefallen" zwar geflissentlich verdrängen, dass man/frau sich eben bis 1989/90 sehr wohl und sehr viel hat gefallen lassen – sie besitzt dennoch ein Realitätssediment, das nicht allein aus Ressentiments besteht und ernst zu nehmen ist. Tatsache ist nämlich, dass in den sogenannten alten Bundesländern noch immer kaum ins Bewusstsein gesichert ist, welche Lebensleistung Millionen Ostdeutsche nach dem Zusammenbruch des SED-Regimes vollbracht haben – unabhängig von der Frage, ob sie während der damaligen Demonstrationen auf der Straße waren oder hinter jenen Gardinen verharrt hatten. Oft bereits in der Mitte ihres Lebens, mussten sie sich „neu erfinden", Arbeitsplätze wechseln oder verlieren, Weiterbildungen besuchen, Unternehmen aufbauen (mit ihnen dann reüssieren oder auch wieder bankrottgehen), sich mit einem völlig anders strukturierten Gesundheits-, Verwaltungs- und Schulsystem ins Benehmen setzen, neues Miet- und Versicherungsrecht pauken usw. usf. Wobei gerade hinter diesen zwei Kürzeln Millionen Biografien stehen, Lebenswege des Gelingens oder auch Scheiterns, einschließlich einer Unzahl an hochambivalenten Mischformen der Erfahrung.

Es ist deshalb keine polemische Überspitzung, wenn man konstatiert, dass just diese Lebensleistungen im Westen noch nicht einmal ansatzweise begriffen, geschweige denn emotional wertgeschätzt wurden. Dabei ließe sich gerade mit Blick auf diese Transformationserfahrung – ohne Gegenläufiges zu ignorieren – schließlich doch noch eine östliche Erfolgsgeschichte des Widerständigen erzählen: eine Geschichte von Fleiß und Gewitztheit, von (im Westen ebenfalls eher unbekanntem) Improvisations- und Bastlergeschick, von einem geradezu ungeheuren Lebensmut, der sich zwar nunmehr nicht mit einer allmächtigen Staatspartei messen musste, so aber doch mit den nicht minder einflussreichen „Dingen des Lebens", mit tausendundeiner neuen Alltagsherausforderung.

Die ostdeutsche Selbstermächtigung

Mehr als jene ohnehin nur Behauptung gebliebene Rede vom „Revolutionsvolk" könnten damit die Erinnerungen an solch ostdeutsche Selbstermächtigung gewiss so etwas wie eine positive Identitätserzählung stiften. Dass es dazu (noch) nicht gekommen ist, liegt freilich nicht zuletzt an jenen mentalen Altlasten, die weiter oben beschrieben sind.

Irritierende Gleichzeitigkeit des Ungleichzeitigen: eine nun bereits dreieinhalb Jahrzehnte währende und generationsübergreifende robuste oder auch vorsichtig wägende (Wieder-)Entdeckung individueller Entscheidungsmöglichkeiten und ein trotziges Sich-Einigeln in einem imaginären Opferkollektiv, das ebenfalls beinahe alle Altersschichten umfasst. Überaus berechtigter, bei Nachfragen gern auch äußerst detailliert Gründe aufzählender Stolz auf all das inzwischen selbst Geschaffene und die immer wieder überraschend pauschale Klage, „man kann ja nüscht machen – weder damals noch heute".

Spekulation: Stammt dieses quasi prophylaktische Sich-klein-Machen womöglich noch aus jener Zeit, in der man glaubte, man gehe am besten mit gesenktem Kopf umher – „falls wieder mal der Hammer kommt"? In der Eigenwahrnehmung – sowie in der Interpretation so mancher mit derlei „Osttrotz" sympathisierender Westler – hört es sich freilich ganz anders an. Denn nicht nur in der DDR, sondern auch in der Gegenwart würde es staatliche Übergriffe geben – siehe die Coronamaßnahmen 2020/21. Auch hätten gestern wie heute „die da oben" diverse Großprojekte, „um uns umzumodeln". Zwar sei nun nicht mehr der „neue sozialistische Mensch" das Ziel, sondern ein multi- und willkommenskulturell EU-kompatibles Wesen, das volkspädagogisch penetrant – und bei Androhung gesellschaftlichen Banns – verpflichtet würde auf ökologische Nachhaltigkeit und semantische Achtsamkeit.

Möchte man es sich leicht machen (viele andere, und wiederum im Westen, tun es), könnte man hier mühelos so einige ultrarechte Narrative und Verschwörungstheorien aufspüren und herausfiltern. Allerdings: Und dann? Wo wäre der weitergehende Erkenntnisgewinn?

Marko Martin

Hausmeisterschlauheit in der globalisierten Gesellschaft

Was ja jedenfalls eine Binsenweisheit ist: Das Land besteht nicht nur aus grün wählenden Großstadtvierteln, und konkrete Skepsis gegenüber unkontrollierter (und häufig vor Ort direkt erfahrener) Immigration ist ebenso wenig per se rassistisch, wie ein Spott über die Miniaturverästelungen des Genderns und universitärer Identitätspolitik der Ausweis ist für gewaltbereites Machotum. Widerrede, sofern zivilen Standards entsprechend, gehört zur Demokratie, und das alltagsnahe, gern auch sarkastische Hinterfragen politischer Zielvorgaben ist nun tatsächlich etwas, für das die Menschen 1989 auf die Straße gegangen waren – in welcher Zahl auch immer.

Freilich, und zwar ohne folgenlos zu moralisieren, sondern dem Pragmatismus eine Gasse bahnend: Was bringt's wirklich jenem Teil der Wählerschaft, die ihr Kreuz ausgerechnet bei der AfD abladen? Der von dieser Partei propagierte Anti-EU-Kurs würde als Konsequenz zur Verarmung ganzer Landstriche führen, die schon heute unter Facharbeitermangel leiden, die Lieferketten ortsansässiger Unternehmen kämen ins Stocken und dergleichen mehr. Der zur Begründung für AfD-Präferenz oft ins Feld geführte Überdruss gegenüber Berliner Schulmeisterei und Brüsseler Regelungsübermut mag in vielen Dingen gerechtfertigt sein. Allein jedoch eine vermeintlich „typisch östliche" Hausmeisterschlauheit, die sich selbst konzediert, stets genau zu wissen, „wie der Hase wirklich läuft", wird den Lebenswirklichkeiten ausdifferenzierter, hochkomplexer und (natürlich längst auch im Osten) globalisierter Gesellschaften nicht im Mindesten gerecht.

Weshalb aber bleiben dann die ostdeutschen Unternehmensverbände so seltsam defensiv angesichts der irren Vision eines autarken, von der EU abgekoppelten Deutschland, eines Phantasmas, das sich in seinem Schwärmen von einer homogenen Volksgemeinschaft in einem *hortus conclusus* nun tatsächlich ausnimmt wie eine braun getönte „DDR.2000"? Und weshalb dringen die Ost-Ministerpräsidenten, denen parteiübergreifend doch ein erfreulich hemdsärmelig-bürgernaher Habitus eignet, mit ihren ganz konkreten Warnungen nicht durch?

Wobei wir schließlich wieder am Ausgangspunkt angelangt wären: It's the mentality, stupid.

Was nämlich, wenn – und zwar im Unterschied zu den alten Bundesländern – jenseits der partiell überaus berechtigten Klagen über undurchdachte Heizungsgesetze, überquellende Flüchtlingsunterkünfte etc. hier noch etwas ganz anderes eine Rolle spielt? Denn, so ist es ja landauf, landab zu hören: „Ukraine, Öko, Ausländer – und wo bleiben wir?" Eine pauschalisierende Quengelei und ein narzisstisches Gefühl permanenten Gekränktseins, das wie selbstverständlich davon ausgeht, dass „der" Westen sich in Abständen immer neue Problemlagen ausdenke, um „dem" Osten jene Alleinaufmerksamkeit zu entziehen, der ihm doch angeblich zustehe. Ein absurd imaginierter und aggressiv jegliche Eigenverantwortlichkeit leugnender Opferstatus („Erst kam Hitler über uns, dann die Russen, nach 89 die Treuhand und jetze die Ausländer und die Ökopaxe") wird auf diese Weise repetiert – und sogar von manch Konservativen im Westen publizistisch beifällig begleitet –, ganz so, als handele es sich hier um gesunde bürgerliche Skepsis anstatt um ein besorgniserregendes, weil letztlich apolitisches Flächenressentiment. Auch derlei schwächt die liberale Demokratie. Ähnliches gilt für die unkritische Übernahme jener besonders vom Kreml-affinen BSW Sahra Wagenknechts verbreiteten Behauptung, der Osten habe zumindest eine besondere „Osteuropakompetenz" – und sei, was für eine infame Volte, deshalb gegen eine militärische Hilfe für die angegriffene Ukraine.

Dabei gab es einst in der DDR vor allem dies: eine breite Abneigung gegen „die Russen", die sich allerdings eher in gewisperten rassistischen Witzen offenbarte denn in klarer Sicht auf den bereits seit 1917 imperialistischen Charakter des Moskauer Regimes. Was die Oppositionsbewegungen im Ostblock betrifft, so schüttelten deren intellektuelle Vertreter eher ungläubig den Kopf über DDR-Schriftsteller wie Volker Braun, Christa Wolf oder Heiner Müller, die weiterhin einer nebulösen „sozialistischen Alternative" anhingen, anstatt Klartext zu sprechen über die (spät-)totalitären Strukturen des SED-Regimes. Ohnehin galt den regimekritischen Polen, Balten, Tschechoslowaken und Ungarn die DDR (zusammen mit Bulgarien) als die „treueste Baracke im Moskauer Lager". Nicht wenige von deren ehemaligen Bewohnern zeigen nun der Ukraine, die unter entsetzlichem Blutzoll einer neuerlichen Kremlherrschaft zu widerstehen versucht, die kalte Schulter und nennen es – erneut unter so manch westlichem Beifall – „Friedenssehnsucht" oder halt eben „unsere Osteuropakompetenz".

Wer nun glaubt, die Kritik an solch abstrusen Verdrehungen mit dem Vorwurf eines westlichen Paternalismus überziehen zu müssen, und (dabei selbst paternalistisch argumentierend) „mehr Zeit und Verständnis" anmahnt, sei an eine schlichte Tatsache erinnert: Es waren weder vor noch nach 1989 zuvörderst Westdeutsche, die die ostdeutsche Gesellschaft kühl analysierten. Im Gegenteil. Von Schönrednern des Regimes wie dem einstigen *Zeit*-Chefredakteur Theo Sommer war noch 1987 zu lesen, die DDR Bürger brächten Erich Honecker „so etwas wie stille Verehrung" entgegen, während nach Mauerfall Günter Gaus, der ehemalige bundesdeutsche Vertreter in Ostberlin, als Publizist nicht müde wurde, die DDR als „Nischengesellschaft" zu verharmlosen und dabei jede Kritik am Fortleben autoritärer Verhaltensmuster abzubügeln mit beträchtlicher Arroganz.

Der Widerstand, den in der DDR geborene Bürgerrechtler und nicht korrumpierte Schriftsteller diesem quasi gesamtdeutschen Verharmlosen entgegensetzten, war deshalb sogar ein zwei-, wenn nicht gar dreifacher: gegen das SED-Regime und dessen toxische Hinterlassenschaften in den Köpfen der Beherrschten – und gegen ein westliches Verharmlosen, das sich übrigens keineswegs allein aus hartleibiger DDR-Nostalgie speiste, sondern ebenso aus linksliberaler Ignoranz und dem konservativen Stabilitätswunsch, es müsse am besten Ruhe herrschen im Lande.

Wahre Widerständler

Das Insistieren auf individueller Verantwortlichkeit und das Hinterfragen gesellschaftlicher Passivität haben deshalb sehr wohl eine Tradition im Osten – und gerade an sie würde es sich lohnen anzuknüpfen. Viele, die 1989 tatsächlich „auf der Straße" gewesen waren – und häufig zuvor auch schon in der Opposition aktiv –, hatten in den ersten Jahren nach der Wiedervereinigung Bürgerinitiativen und Vereine gegründet, die häufig noch immer existieren und das Rückgrat einer reflektiert kritischen Zivilgesellschaft bilden. Dazu zählen auch jene Gedenkorte – ehemalige Gefängnisse oder Jugendwerkhöfe –, an denen die Erinnerung an das SED-Unrecht wachgehalten und versucht wird, einer jüngeren Generation den existenziellen Wert eines Rechtsstaates sinnfällig zu vermitteln. (Wie erfolgreich/erfolglos derlei war, müsste angesichts der aktuellen Wahlergebnisse mit Sicherheit diskutiert werden. Tatsache aber ist, dass viele der engagierten „89er" und ihre Nachfahren noch immer die besten und glaubwürdigsten Botschafter der liberalen Demokratie sind.)

Dabei nicht zu vergessen: die Chronik der Versäumnisse und Verdrängungen – sie wurde (und wird) ja ebenfalls von Ostlern geschrieben. Sind die Prosaminiaturen des 1977 aus Stasi-Haft in den Westen ausgebürgerten und 1999 an einem mysteriösen Blutkrebs verstorbenen Jürgen Fuchs in ihrer präzisen Darstellung des DDR-Alltags auch heute noch von Belang, um die Mechanik des Wegduckens und Schönredens zu verstehen, so haben mittlerweile auch jüngere Autoren jenes „Gestern im Heute" eindrucksvoll thematisiert. Dann was wüsste man über die desorientierten „Baseballschlägerjahre" der Neunziger, als der böse Geist der rassistischen Pogrome von Rostock-Lichtenhagen und Hoyerswerda flächendeckend geworden zu sein schien, gäbe es nicht die Bücher von Manja Präkels und Daniel Schulz? Was Freya Klier 1990 in ihrer Untersuchung „Lüg Vaterland" über die desaströsen Hinterlassenschaften des autoritären DDR-Bildungssystems dokumentiert, findet sich aufgenommen und erfahrungsbiografisch bis in die Gegenwart erweitert in den Büchern von Ines Geipel und Anne Rabe. Hinzu kommen die Texte, Biografien und klugen aktuellen Einsprüche des 1967 in Ostberlin geborenen Historikers Ilko-Sascha Kowalczuk. Nicht zufällig trägt dessen jüngste Veröffentlichung den Titel „Freiheitsschock".

Jenen bis heute in den neuen Bundesländern andauernden und hochambivalente Resultate zeitigenden Schock zu beschreiben, ist dabei bereits selbst ein Akt der Widerständigkeit – nämlich ein Aufkündigen jener gesamtnationalen Gesundbeterei, nach welcher „irgendwann schon alles gut werden wird". Das tut es nämlich nicht. Wobei die Herausforderung gerade darin bestünde, sich von diesem Befund nicht etwa entmutigen zu lassen, sondern ihn dazu zu nutzen, der Realität ins Auge zu schauen: Die Aufgaben, die nun auch die Nachgeborenen erwarten, sind enorm.

„Da herrscht auf beiden Seiten Vertrauensverlust." Über das Leben auf dem ostdeutschen Land

INTERVIEW MIT JULI ZEH

In Ihren Romanen können sogar Nazis zu schrägen Helden des Alltags werden. Und über den Gartenzaun hinweg wird die Weltpolitik verhandelt. Was treibt Ihre Nachbarn im dörflichen Brandenburgischen, dort, wo Sie wohnen, gerade besonders um?

Juli Zeh: Es herrscht das Gefühl vor, dass in den Städten Politik für die Städter gemacht wird. Die Landbevölkerung hat nur die Konsequenzen zu tragen. Die Leute draußen fühlen sich ungebührlich belastet und nicht genug wahrgenommen in ihren Lebensrealitäten. Ein Beispiel: Wenn jemand vom Dorf etwas von Fahrverboten fürs Auto hört, denkt er sich, das mag sich in der Stadt romantisch anhören. Auf dem Land ist es das Aus. In meiner Gegend heißt zwei Tage nicht Auto fahren, dass du zwei Tage nichts machen kannst, weder privat noch beruflich. Wenn man stattdessen ein innereuropäisches Flugverbot diskutieren würde, wäre das Pro und Contra ganz anders. Die meisten hier würden sagen: Klar, macht doch! Dann können die Leute aus Prenzlauer Berg eben nicht dreimal im Jahr nach Venedig oder Florenz fliegen. Dafür kommen wir mit dem Auto zur Arbeit und zum Supermarkt.

Fahrverbote sind ja gerade kein ernst zu nehmendes Projekt der deutschen Politik, oder?

Aber es gibt die Debatte. Das Gefühl der Überregulierung und Übergriffigkeit der Politik ist das, was viele zur AfD treibt. Es herrscht eine Art Trotz vor: Wenn ihr euch schon nicht überlegt, was unsere Bedürfnisse sind und was hier politisch wichtig wäre, dann lasst uns wenigstens in Ruhe.

Was sind denn die tatsächlichen Ergebnisse von so einer übergriffigen Politik?

Viele Menschen erinnern sich noch sehr gut an die Coronapolitik, bei der sie sich offenere Debatten und mehr Vertrauen in die Eigenverantwortlichkeit gewünscht hätten. Ein anderes Thema, das typisch für die Provinz ist, betrifft die Bürokratie. Für alle, die in der Landwirtschaft oder im Handwerk arbeiten, ist der Wust aus Vorschriften, mit denen du dich herumschlägst, wenn du etwas bauen oder ein Feld bestellen willst, eine riesige Belastung. Und schließlich das Reizthema Heizungsgesetz, welches die Gemüter hier erhitzt hat. Für arme Haushalte sind Heizen und Energie ein existenzielles Problem. Manche Menschen machen Holz, um dadurch die Heizkosten zu reduzieren. Es geht für die Leute wirklich um was.

Der grüne Bundeswirtschaftsminister Robert Habeck hat einmal in einem Gespräch mit Ihnen gesagt, die Menschen müssten halt besser an die Transformation herangeführt werden. Gibt es ein kommunikatives Problem?

Es geht vor allem um handfeste inhaltliche Fragen und unterschiedliche Auffassungen. Und genau dafür haben wir eine Demokratie, dass man verschiedener Meinung sein kann. Habeck und viele andere Politiker glauben, dass ihre Aufgabe darin bestehe, den Leuten ständig etwas zu erklären, sie abzuholen, mitzunehmen, auf Augenhöhe zu adressieren und so weiter. Das ist ein pädagogischer Ansatz für Politik und damit eben auch eine Top-down-Methode. Das kommt bei vielen Leuten nicht gut an.

Wo finden Sie dieses Muster noch, außer bei den Grünen?
Das werfe ich auch meiner Partei, der SPD, vor. Schlechte Wahlergebnisse werden immer mit der Analyse belegt: Ja, wir müssen besser kommunizieren. Ich entgegne jedes Mal: Ihr müsst nicht besser kommunizieren, ihr müsst bessere Politik machen. Aber das ist das weitverbreitete Verständnis: Wir machen ja alles richtig und wissen, wie es geht. Wir müssen es nur richtig erklären. Dieser Ansatz geht letztlich davon aus, dass die Bürger nichts verstehen oder irgendwie renitent sind. Und dass es gleichzeitig Alternativlosigkeiten gibt, die dazu zwingen, diese vermeintliche Unwilligkeit der Bürger zu überwinden – kommunikativ, pädagogisch, therapeutisch.

Tatsächlich herrscht über das grundsätzliche „Ob" aber oft Einigkeit. Die ganz überwiegende Mehrheit ist dafür, eine Pandemie zu bekämpfen und die Energiewende durchzuführen. Auch in der Provinz. Uneinigkeit und Diskussionsbedarf bestehen in der Frage, wie man es macht. Wer profitiert, wer leidet? Wer wird geschont, wer wird belastet? Das sind typische Interessenkonflikte, die es demokratisch auszutragen gilt und die man nicht wegkommunizieren kann.

In Brandenburg wird die AfD möglicherweise die stärkste politische Kraft. Können Sie uns mal die typischen AfD-Wähler aus Ihrer Gegend vorstellen?
Es gibt einen bestimmten Typus AfD-Wähler, der wirklich reaktionär ist. Deutscher Nationalstaat, geschlossene Grenzen, keine EU. Die Volksgemeinschaft als biologische Herkunftsgemeinschaft, während andere Kulturen nicht integrationsfähig sind. Dazu ein ebenso geschlossenes Familienmodell, der Mann als Ernährer. Solche Über-

zeugungen werden von der AfD natürlich bedient. Aber das ist nicht unbedingt die Mehrheit der AfD-Wähler.

Und wo begegnen Sie diesen Brandenburgern, sind da die berühmten Abgehängten, die sozial in einer schwierigen Lage sind?
Von der Abgehängtenthese halte ich nichts. Das zeigen auch Statistiken. Der real existierende AfD-Wähler ist weder besonders alt noch sozial schwach und auch nicht ungebildet. Von diesen Klischees muss man sich verabschieden. Man kann ein erfolgreicher mittelständischer Unternehmer Mitte 40 sein – und komplett reaktionär.

Welchen Typus von AfD-Wähler treffen Sie denn noch so?
Häufiger treffe ich Leute, die nicht reaktionär sind, sondern eher konservativ im Sinne von antiprogressiv. Sie haben das Gefühl, dass sich alles auflöst, dass das Land irgendwie zerfällt. Ökonomisch, aber auch kulturell. Sie sehen das Problem einerseits in der Migration und glauben andererseits, dass die Regierung Unmengen von Geld an falschen Stellen ausgibt, statt sich um grundlegende Baustellen zu kümmern wie Schulen, Renten, Gesundheitssystem und Mobilität. Vor diesem Hintergrund reagieren die Leute dann aggressiv auf urbane Debatten wie die ums Gendern oder um Transsexualität. Manche glauben dann, dass Politiker und Journalisten dabei sind, den Verstand zu verlieren. Nach dem Motto: Wie könnt ihr euch um so etwas streiten, während die Schulen keine Lehrer mehr haben und das Gesundheitssystem vor die Hunde geht?

Welche konkreten Konflikte gibt es denn im Alltag?
Meistens kommen die Menschen meiner Erfahrung nach in konkreten Situationen recht gut miteinander klar. Flüchtlingskinder auf den Schulen werden so gut wie möglich integriert, die Hilfsbereitschaft ist generell ziemlich groß. Wenn ein homosexuelles Paar heiratet,

kommen alle zum Fest. Und wenn ein Migrant ein Restaurant eröffnet, ist die Freude groß.

Ist das die Botschaft, auch Nazis können nette Leute sein?
Es ist halt im echten Leben nicht so einfach, wie man es gern hätte. Leider gibt es Leute, die krass ausländerfeindlich und gewaltbereit, mit anderen Worten: wirklich rechtsextrem sind. Denken Sie an brennende Asylantenheime und an Straßenjagden auf Migranten und Linke, gerade hier in Ostdeutschland. Daraus folgt aber nicht, dass jeder, der zum Beispiel Zuwanderung kritisch sieht, mit dem Baseballschläger die Scheiben eines Dönerladens einschlagen wird. Wenn wir uns der Komplexität des Problems nicht stellen und alle AfD-Wähler als Neonazis framen, bekommt die AfD immer mehr Zulauf.

Und auf dem Dorf, wie funktioniert das da?
Auf dem Dorf lebst du enger mit dir eigentlich fremden Leuten zusammen als in der Stadt, das ist meine Erfahrung. Schon die Kinder wachsen hier weniger sortiert auf. Altersmäßig, herkunftsmäßig, einkommensmäßig und bildungsmäßig mischen sich die Gruppen und Cliquen. Ich bin dafür sehr dankbar, auch mit Menschen zu tun zu haben, die nicht ticken wie ich. Dazu gehört auch, dass mein zwölfjähriger Sohn lernen muss dagegenzuhalten, wenn rassistische Witze die Runde machen. Aber das sind gute und wichtige Erfahrungen.

Gefährdet der wachsende Rechtspopulismus die Demokratie?
Momentan ist meine größte Sorge, was passiert, wenn die nächsten Wahlen zu Situationen führen, in denen das Regieren immer schwieriger bis unmöglich wird. Dann haben es die Rechtspopulisten immer leichter zu sagen: Guck mal, „die da oben" kriegen es nicht hin, das sind alles Idioten! Und das gibt dann noch mehr Zulauf für die

Populisten. Man sieht es ja jetzt schon an der teilweise dysfunktionalen Ampel.

Wären Koalitionen jenseits von Brandmauern mit der AfD oder dem BSW sinnvoll oder gar notwendig?
Das ist eine schwierige Frage. Man kann sie nicht abstrakt und generell beantworten. Ich glaube, man muss sich die Lage auf den jeweiligen Ebenen anschauen, in den einzelnen Kommunen, in den Ländern und im Bund, und an jeder Stelle sehr genau überlegen, wie man das handhabt.

Sind also sogenannte Brandmauern zu einzelnen Parteien falsch?
Falsch wären sie dann, wenn sie ihr Ziel nicht erreichen, dass ja darin besteht, die unerwünschte Partei kleinzuhalten. Meine Intuition ist inzwischen eher, die Abgrenzung nützt der AfD mehr, als sie ihr schadet. Natürlich respektiere ich die Haltung, wenn Politiker sagen: Wir wollen mit denen nichts zu tun haben, wir wollen nicht mit denen koalieren, und deren Einstellungen dürfen sich im demokratischen Miteinander auch nicht normalisieren. In vielen Konstellationen ist diese Haltung richtig. Nur die Wirkung ist halt fraglich.

Diese parteipolitische Brandmauer wird ja mit gestützt durch die Vorstellung, dass es eine kulturelle Begrenzung des Diskursraums geben müsse. Die Schriftstellerin Carolin Emcke hat die Praxis unserer politischen Kultur neulich scharf kritisiert. Die „Pro-Contra-Rahmung" der öffentlichen Debatte müsse aufhören, erklärte sie auf der „re:Publica". Es sei „Bullshit" zu meinen, es gebe zu allen Fragen gleichwertige widerstreitende Positionen. Was sagen Sie dazu?
Tatsächlich ist diese tiefe Diskursmüdigkeit ein Hauptproblem im Land. Es hat sich vor allem in den kulturellen Eliten die Vorstellung

breitgemacht, es gebe zu vielen Fragen nur noch eine mögliche Antwort. Das ist das Paradigma der Alternativlosigkeit. Die gegenwärtige Zeit wird als Dauerkrise oder gar Ausnahmezustand beschrieben, und daraus folgt dann die Idee von zwingenden Handlungsdirektiven, die nicht mehr debattiert, sondern nur noch „kommuniziert" werden. So kommt es zum pädagogischen Ansatz in der Politik, den ich vorhin beschrieben habe und für gefährlich halte, weil er Politik und Bürger immer weiter voneinander entfremdet. Da herrscht auf beiden Seiten Vertrauensverlust.

Aber hat Emcke nicht einen Punkt, wenn sie darauf verweist, dass mancher Schlagabtausch, in Talkshows etwa, nicht der Sache dienlich ist?
Nicht jede Talkshow ist interessant, aber im Kern hat Emcke eben nicht recht. Denn der Wettstreit von Argumenten ist in der Demokratie nicht nur eine schöne Tugend. Es ist ganz pragmatisch der Weg, auf dem wir zu den besten Lösungen kommen. Einzelperspektiven können nie so gut sein wie der plurale und diverse Blick auf ein Problem.

Nur die Debatte führt zur richtigen Lösung?
Tatsächlich glaube ich, dass debattierte Lösungen auch sachlich die besseren sind als oktroyierte. Aber es gibt außerdem noch eine wichtige Erkenntnis: Wenn wir in Zukunft irgendwas auf die Kette kriegen wollen, brauchen wir gesellschaftlichen Frieden. Den kann man aber nicht erzwingen. Wenn die Pluralitätskritiker einen anderen Weg gehen wollen, dann sollen sie auch konsequent sagen, wie der denn in letzter Konsequenz aussähe. Die Leute einschüchtern? Drangsalieren? Meinungen zensieren? Wer eine Autokratie oder Expertokratie anstrebt, soll auch offenlegen, auf welche Weise die gefassten Beschlüsse dann durchgesetzt werden sollen.

Nehmen wir die aktuelle Debatte um die Ukraine und den russischen Angriffskrieg. Der Streit wird doch ausgetragen, oder?
Es ist inzwischen etwas besser geworden, aber die Bereitschaft, verschiedene Positionen zu diskutieren, ist bei der Ukrainefrage grundsätzlich noch geringer als bei anderen Themen. In den Monaten nach dem russischen Angriff wurde jeder, der für Verhandlungen plädierte, als Putinversteher runtergemacht.

Konkret geht es um die Kritik an der Unterstützung der Ukraine und die Frage, ob der Diktator Putin verharmlost wird. Das muss man sich doch gefallen lassen.
Gefallen lassen vielleicht. Aber das ist halt keine sachliche Debatte. Denn das Plädieren für den diplomatischen Weg hat nichts mit Verharmlosung zu tun. Es ist eine konkrete und wichtige Handlungsalternative. Es ist keine Verharmlosung, wenn man hinterfragt, ob ein Sieg über Russland überhaupt möglich ist. Ob ein jahrelanger Abnutzungskrieg irgendjemandem nutzt oder einfach nur grausamen Schaden anrichtet, vor allem für die Ukraine selbst. Ob nicht am Ende das Ergebnis dasselbe sein wird: ein Verhandlungsfrieden, dessen Ungerechtigkeit nur in langfristiger Perspektive beseitigt werden kann. Wie kann es sein, dass diese nüchterne und sachliche Debatte gesellschaftlich unterbleiben soll? Wovor hat man denn da Angst?

Als die größte Herausforderung unserer Zeit gilt ja vor den anderen Krisen die Klimakatastrophe. Hier wird auch in besonders umfassender Weise von alternativlosen Maßnahmen gesprochen, die zur Rettung nötig seien. Die Historikerin Hedwig Richter spricht von der „Suppenkasperfreiheit“, die sich diejenigen nun herausnehmen wollten, die sich eben nicht der angeblich notwendigen Verzichtslogik unterwerfen. Wer will schon gerne hören, dass es schwierig wird mit dem Klimaschutz?

Richter verwechselt ihr eigenes politisches Anliegen mit der System-
frage. Wenn das, was sie gut und richtig findet, nicht umgesetzt und
nicht gewollt wird, dann hätten wir ein Demokratieproblem – so ar-
gumentiert sie. Und die Grundrechte als „Suppenkasperfreiheiten"
abzuwerten, ist schon ziemlich fragwürdig.

**Der Journalist Bernd Ulrich von der *Zeit* sagt in dem gemeinsam
mit Richter verfassten Buch „Revolution und Demokratie", dass
eine demoskopische Mehrheit, möglicherweise von lauter Egois-
ten, nicht über die Zukunft des Landes entscheiden dürfe. Knapp
gesagt: Wer die Klimakrise leugnet, auch wenn es die Mehrheit
tut, führt uns ins Verderben. Es brauche also eine andere Art der
Durchsetzung des Richtigen. Eine abgefederte Demokratie?**
Hier wird schon von völlig falschen Prämissen ausgegangen. Die
Mehrheit der Bürger ist nicht egoistisch oder dumm, und sie leugnet
auch nicht den Klimawandel. Auch in meinem dörflichen Umfeld
herrscht große Zustimmung zur Energiewende, auch von Leuten, die
die AfD wählen. Es geht nicht um das Ob des politischen Handelns,
sondern um das Wie. Das muss gesellschaftlich ausgehandelt werden. Zu glauben, das könnte ein Expertenrat nach vermeintlichen
Vernunftgründen entscheiden, ist total naiv. Leute, die so argumen-
tieren, gehen meistens subkutan davon aus, dass dieser Expertenrat
dann vor allem Sachen beschließt, die sie persönlich super finden.

**Ist es also die bekannte ideologische Falle, der wir hier begegnen,
wenn das Wahre und Richtige postuliert wird?**
Der Ideologievorwurf greift zu kurz. Diese politische Sehnsucht nach
dem Eindeutigen wurzelt in einer Art transzendentalem Überforde-
rungsphänomen. Es ist in den westlichen Gesellschaften sehr vieles
weggefallen an Orientierung von höheren Quellen, die irgendwie das
Individuelle übersteigen, nennen wir es Schicksal oder nennen wir

es Gott. Alles ist relativ, und der Einzelne ist grundsätzlich immer allein mit seinen Entscheidungen, die ganze Last der Welt ruht auf seinen Schultern. In einer solchen Situation fangen Menschen an, sich nach einer Form von Führung zu sehnen, die Demokratie nicht bieten kann und will.

Ist das eine grundsätzliche Kritik an der Moderne?
Natürlich bin ich nach wie vor der Meinung, dass die Aufklärung eine gute Idee war. Aber dennoch müssen wir das Ergebnis in unseren postmodernen Gesellschaften anschauen. Die großen Emanzipationsbewegungen, feministisch, antireligiös, gegen das Patriarchat und traditionelle Vorstellungen von Familie, Partei, Nation, die haben wir ja aus guten Gründen vollzogen. Aber sie haben natürlich eine gewisse Leere hinterlassen. Wir haben uns zu wenig die Frage nach anthropologischen Konstanten gestellt. Warum gab es denn Tausende von Jahren Religion? War das Zufall? Oder gibt es ein tiefes menschliches Bedürfnis nach einem Überbau, der dem menschlichen Leben Sinn und Richtung gibt? Und was passiert, wenn sich dieses Bedürfnis auf die Politik richtet?

In welchem Verhältnis steht das religiöse Bedürfnis zu unserem Freiheitsverständnis?
Beides gehört zusammen. Ich glaube, wir haben uns mit dem Streben nach Individualismus ein bisschen überfordert. Aus dieser Überforderung kommt nun die Sehnsucht nach Alternativlosigkeit, nach Eindeutigkeit im Politischen. Doch das führt in die Irre. Wir leben heute so emanzipiert und individualistisch wie keine Kultur der Welt vor uns. Aber dass jeder Mensch ganz allein für seine Position im Großen und Ganzen sorgen soll, das war vielleicht etwas naiv gedacht. Mit anderen Worten: Der Mensch braucht einen Rahmen, innerhalb dessen er seine Freiheit verwirklichen kann. Und zu be-

sprechen wäre eben, was dieser Rahmen sein kann. Die Demokratie als Staatsform soll und muss offen sein, weshalb sie nicht immer gut als Kompass taugt.

Verweist der goldene Kreuzanhänger an Ihrem Ohr auf eine persönliche Hinwendung zur Religion?
Mitglied einer Kirche bin ich nicht, habe auch nie so richtig eine Heimat dort gefunden. Aber ich stehe zu den christlichen Wertvorstellungen und bin überzeugt, dass es für soziale und bewusste Wesen wie uns Menschen sehr schwierig ist, in Gemeinschaften zu leben, wenn wir keine vorpolitische Übereinkunft teilen, die uns hilft zu verstehen, wer wir sind und was das alles soll.

Wir reden oft von gesellschaftlicher Spaltung. Aber was ist das? Ist ein gesellschaftlicher Friede zwischen einem – sagen wir – Klimakleber – und einem Rechtsextremen herstellbar?
Extrem gegensätzliche Ansichten haben nichts mit Spaltung zu tun. Es wäre ja seltsam zu glauben, dass gesellschaftlicher Frieden auf Konformität und Meinungseinigkeit beruhen muss. Gesellschaftlicher Friede bedeutet, dass man eine erwachsene und respektvolle Art praktiziert, mit Konflikten umzugehen, Interessen gegeneinander auszuhandeln, Abwägungen zu treffen. Das ist das Sicherheitsseil gegen Polarisierung. Denn Polarisierung bedeutet nicht, dass man was anderes denkt als andere. Es bedeutet, dass man anfängt, seine Mitbürger für dumm, schlecht oder geisteskrank zu halten.

Zum Schluss: Es gibt die Idee, Sie 2027 zur Bundespräsidentin zu wählen. Sie haben zwar bereits abgewunken. Aber welche Ideen hätten Sie für das Amt in schwieriger Zeit?
Ich habe das Bedürfnis nach Orientierung erwähnt. Der Amtsinhaber Frank-Walter Steinmeier kann da zu wenig beitragen. Dafür hat

er eine zu klare parteipolitische Geschichte. Der Bundespräsident muss eine stärkere Form von gesellschaftlicher Selbstvergewisserung liefern, die kein im engeren Sinne politisches oder persönliches Anliegen promotet und die das ganze Land in seiner Unterschiedlichkeit einschließt. Er muss vorleben, wie gesellschaftlicher Friede funktioniert. Ich glaube, der Grund, warum man bei diesem Amt an mich denkt, besteht darin, dass ich mich in viele verschiedene Lebenswelten einfühlen kann und in der Lage bin, ein großes Maß an Ambivalenz auszuhalten.

Ist die Rede von Respekt, die Bundeskanzler Scholz im Munde führt, das, was das Land braucht?
Dieses dauernde Gerede von Respekt war schon im Wahlkampf der SPD eine schlechte Idee. Wer die ganze Zeit von Respekt reden muss, hat in Wahrheit verlernt, Respekt zu empfinden. Als politisches Programm offenbart Respekt vor allem ein großes Missverständnis. Die Leute sind nicht blöd, sondern im Schnitt ziemlich sensibel und schlau. Sie wollen nicht erzählt bekommen, dass man sie respektiert. Sie wollen authentische Kommunikation und gute Politik, die das Land voranbringt und sich um Interessenausgleich bemüht. Das muss Politik wieder lernen.

Fragen: Volker Resing

Radikal ungebunden
Wie die Ostdeutschen wählen
und warum das so ist

VON ASTRID LORENZ UND HENDRIK TRÄGER

Die Landtagswahlen in Sachsen und Thüringen 2024 sorgten für bundesweite Schlagzeilen: Die Alternative für Deutschland stellt mit Stimmenanteilen von über 30 Prozent die stärkste Fraktion in Thüringen und die zweitstärkste in Sachsen. Und das erst im Januar gegründete Bündnis Sahra Wagenknecht erreichte in beiden Ländern zweistellige Ergebnisse, landete auf dem dritten Platz und ist ein relevanter Akteur bei der Regierungsbildung. Die elektoralen Erfolge von AfD und BSW zeichneten sich bereits bei der Europawahl im Juni ab, als die beiden Parteien mit Stimmenanteilen von 28,7 Prozent beziehungsweise 14,0 Prozent stärkste bzw. drittstärkste politische Kraft in Ostdeutschland wurden und ihre Ergebnisse in den westlichen Bundesländern (AfD: 13,0 Prozent, BSW: 4,4 Prozent) um ein Vielfaches übertrafen.

Dass der Osten anders wählt als der Rest der Republik, ist aber keineswegs neu. Aus den Menschen zwischen Sassnitz und Suhl scheint niemand schlau zu werden. Seit der Wiedervereinigung wird gerätselt, warum sie anders als die Westdeutschen wählen: so widersprüchlich und so wechselhaft. „Der" Westen hat wohl nicht erwartet, was ihm da im Osten nach der Einheit politisch blüht.

Unmittelbar nach der Wiedervereinigung unterstützten die Ostdeutschen Union und FDP mit ähnlichen Wahlergebnissen wie die Westdeutschen; doch schon bei der Wahl 1994 hätten sie – im Gegensatz zu ihren Landsleuten im Westen – die schwarz-gelbe Regierung abgewählt. Im Jahr 2002 verhalfen sie wiederum gegen das Votum der Westdeutschen SPD und Bündnis 90/Die Grünen zu einer Fortsetzung der rot-grünen Koalition. 2005 und 2013 sorgten sie dafür, dass jeweils eine Große Koalition statt eines schwarz-gelben Bündnisses regierte. Nicht verhindern konnten sie bei der Bundestagswahl 2021 die unpopuläre Ampelregierung, deren drei Partner mit nur 42,7 Prozent der Zweitstimmen in den fünf ostdeutschen Ländern und Ostberlin mehr als elf Prozentpunkte unter dem Wert in den alten Ländern und Westberlin lagen (siehe Tabelle 1). Aber auch eine Große Koalition wäre mittlerweile nur noch im Westen wirklich groß. In den 2010er Jahren sank der Mandatsanteil von CDU und SPD bei den Landtagswahlen im Osten auf knapp 52 Prozent. Bündnis 90/Die Grünen und die FDP werden in Ostdeutschland seltener gewählt – mit einzelnen lokalen oder zeitlichen Ausreißern.

Lange linker als der Westen

Die Ostdeutschen empfanden sich – ausweislich Meinungsumfragen – lange Zeit als linker als die Westdeutschen. Anders als die Westdeutschen war ein substanzieller Teil von ihnen auch bereit, die SED-Nachfolgepartei PDS beziehungsweise die Linke zu unterstützen. Diese erreichte ihre größten Erfolge aber nicht in den 1990er Jahren, als die Sozialisation und der dramatische Zusammenbruch der Wirtschaft dies noch besonders plausibel gemacht hätten, sondern erst seit Mitte der 2000er Jahre – als Reaktion auf die Agenda-2010-Politik der rot-grünen Bundesregierung.

Von 1994 bis 2005 gab es in Ostdeutschland bei den Bundestagswahlen rechnerisch eine linke Mehrheit: Mehr als die Hälfte der Wähler setzte ihr Kreuz entweder bei der SPD oder der PDS beziehungsweise Linkspartei. Wie wenig Stammwähler die SPD jedoch im Osten hatte, zeigte sich ab 2009, als die Partei in der Wählergunst abrutschte und bei der Bundestagswahl 2017 nur noch 13,9 Prozent der Zweitstimmen erhielt. Die Agenda-Politik Gerhard Schröders verziehen die Wähler den Sozialdemokraten nicht. Einige wanderten zur Linken, die bei den Bundestagswahlen 2005 und 2009 von mindestens jedem vierten Wähler in Ostdeutschland unterstützt wurde.

Seit 2013 wollten aber immer weniger Ostdeutsche etablierte Parteien und/oder solche links der Mitte wählen. Binnen kürzester Zeit wählten immer mehr Ostdeutsche die 2013 gegründete AfD – seit 2017 mehr als jeder Fünfte. Bei der Bundestagswahl 2021 zog die mittlerweile teilweise als rechtsextrem eingestufte Partei sogar an der CDU vorbei. Diese stürzte auf 16,9 Prozent ab, nachdem sie zwei Wahlen zuvor im Osten mit 38,5 Prozent noch unangefochten ganz vorn gelegen hatte. Die SPD erzielte 2021 mit ihrem „Respekt"-Wahlkampf einen Achtungserfolg (siehe Tabelle 1).[1] Seit der Gründung des BSW erhöhen die Ostdeutschen den Druck auf die etablierten Parteien noch weiter.

---

1 Vgl. Der Bundeswahlleiter: Ergebnisse früherer Bundestagswahlen, Wiesbaden 2022, S. 24–25.

Tabelle 1: Zweitstimmenergebnisse bei Bundestagswahlen (1990–2021; in Prozent)

	CDU/CSU		SPD		FDP		Grüne		PDS/Linke		AfD	
	Ost	*West*	Ost	*West*	Ost	*West*	Ost	*West*	Ost	*West*	Ost	*West*
1990	41,8	*44,3*	24,3	*35,7*	12,9	*10,6*	6,2	*4,8*	11,1	*0,3*		
1994	38,5	*42,1*	31,5	*37,5*	3,5	*7,7*	4,3	*7,9*	19,8	*1,0*		
1998	27,3	*37,1*	35,1	*42,3*	3,3	*7,0*	4,1	*7,3*	21,6	*1,2*		
2002	28,3	*40,8*	39,7	*38,3*	6,4	*7,6*	4,7	*9,4*	16,9	*1,1*		
2005	25,3	*37,5*	30,4	*35,1*	8,0	*10,2*	5,2	*8,8*	25,3	*4,9*		
2009	29,8	*34,6*	17,9	*24,1*	10,6	*15,4*	6,8	*11,5*	28,5	*8,3*		
2013	38,5	*42,2*	17,9	*27,4*	2,7	*5,2*	5,1	*9,2*	22,7	*5,6*	5,9	*4,5*
2017	27,6	*34,1*	13,9	*21,9*	7,5	*11,5*	5,0	*9,8*	17,8	*7,4*	21,9	*10,7*
2021	16,9	*25,6*	24,1	*26,1*	9,5	*11,9*	9,1	*16,0*	10,4	*3,7*	20,5	*8,2*

Quelle: Eigene Darstellung nach Daten des Bundeswahlleiters (Fn. 1).

Radikal ungebunden

Dass die Ostdeutschen bei Wahlen radikal das Ruder herumreißen und nicht an bestimmte Parteien gebunden sind, zeigt sich auch bei den ostdeutschen Landtagswahlen. Die dortigen Wahlergebnisse verdeutlichen zugleich, dass es ungeachtet bestimmter Gemeinsamkeiten „den" ostdeutschen Wähler nicht gibt: In Sachsen und Thüringen stimmten ab den 1990er Jahren große Teile der Bevölkerung lange für die CDU, in Brandenburg hingegen für die SPD; die jeweils andere Partei war eher randständig. In Mecklenburg-Vorpommern und Sachsen-Anhalt verteilte sich die Wählergunst auf verschiedene Parteien. Im Jahr 2019 machten die Thüringer die Linke erstmals zur größten Fraktion in einem deutschen Landtag, aber zeitgleich unterstützte fast jeder vierte Wähler die erst 2013 gegründete AfD. Auch in den anderen ostdeutschen Bundesländern wünschten sich große

Teile der Bevölkerung eine Politik, die in Form und Inhalt näher an den Menschen ist. Um AfD-Regierungen zu verhindern, unterstützten die Wähler die jeweilige Partei ihres Ministerpräsidenten, sodass diese einen gewissen Vorteil genoss – in Brandenburg und Mecklenburg-Vorpommern profitierte davon die SPD, in Sachsen und Sachsen-Anhalt die CDU, in Thüringen die Linke.

Die vielen radikalen Umschwünge und Ungleichzeitigkeiten von Wahlentscheidungen waren auch in der Politikwissenschaft nicht erwartet worden. Zwar galt als gesetzt, dass sich politische Einstellungen langsamer ändern als beispielsweise Gesetze und insofern ein identisches Wahlverhalten wie in Westdeutschland zunächst unwahrscheinlich war. Außerdem war klar, dass eine Demokratie von unterschiedlichen Parteien lebt und die Bürger zwischen ihnen wählen können. Dennoch wurde angenommen, dass die Menschen relativ schnell ihr Verhalten an das neue demokratische System anpassen, zumal (westdeutsche) Parteien zur Auswahl standen, die sich jahrzehntelang als Organisationen der Interessenvermittlung bewährt hatten und sich rasch mit ihren ostdeutschen Partnern vereinigten. Dass auf den ersten Blick die Systemstrukturen in Ostdeutschland genauso funktionierten wie im Rest der Republik und alles „seinen Gang ging", schien diese Erwartung zu bestätigen.

Viele Ostdeutsche sind allerdings bis heute politisch radikal ungebunden – die Jüngeren stärker als die Älteren. Die große Mehrheit, so zeigen es Befragungen, fühlt sich nicht einer bestimmten Partei verbunden. Und ein großer Teil ist bereit, auch eine Partei in einem anderen Teil des ideologischen Spektrums zu wählen, wenn diese denn eines ihrer Anliegen besonders unterstützt oder wenn ihnen das Führungspersonal zusagt. Sie sind in dieser Hinsicht offener als Westdeutsche, aber auch unberechenbarer. Die Parteien müssen sich stärker anstrengen, um bei ihnen zu punkten, indem sie Themen ansprechen, die den Menschen wichtig sind, und mit ihren Kandidaten überzeugen. Sie müssen bei jeder Wahl aufs Neue und bis zuletzt um die Stimmen kämpfen.

Die Ungebundenheit – fachwissenschaftlich: die „elektorale Offenheit"[2] – des Großteils der ostdeutschen Wählerschaft schlägt sich unter anderem darin nieder, dass sich die gesamtdeutsch beobachtbare Verschiebung von (gesellschafts-)politischen Stimmungen bei ihnen viel stärker in Stimmenverlusten oder -zuwächsen der Parteien niederschlägt. Das lässt sich anhand von zwei Beispielen veranschaulichen: Bei der Bundestagswahl 1994 wurde der Zweitstimmenanteil der FDP in Ostdeutschland von 12,9 Prozent auf 3,5 Prozent fast geviertelt, während er in Westdeutschland nur von 10,6 Prozent auf 7,7 Prozent fiel. Im Jahr 2017 konnte die AfD ihren Zweitstimmenanteil in den fünf ostdeutschen Ländern und Ostberlin von 5,9 Prozent auf 21,9 Prozent nahezu vervierfachen, aber im alten Bundesgebiet von 4,5 Prozent auf 10,7 Prozent lediglich etwas mehr als verdoppeln (siehe Tabelle 1).

Ostdeutsche sind oft skeptischer gegenüber den etablierten Strukturen des Politikbetriebs und eher bereit, Underdogs zu wählen – wie sie sich selbst als solche empfinden. Etablierte Parteien, die allzu selbstgewiss scheinen, wollen sie zum Nachdenken anregen. Betrachtet man das breite Wählerreservoir von AfD und Linke (bzw. früher PDS) als den Parteien, die in Ostdeutschland erfolgreicher abschneiden als in Westdeutschland, dann wird erkennbar, dass es sich jeweils nicht ausschließlich um abgeschlossene Milieus handelt. Auch in Bezug auf ihre politischen Einstellungen decken die Wähler eine große Bandbreite ab.

---

2   Aiko Wagner, Zunehmende Ungebundenheit und rechte Schließung. Elektorale Offenheit in Ost und West zwischen Konvergenz und Differenz, in: Lars Vogel/Astrid Lorenz/Rebecca Pates (Hrsg.): Ostdeutschland. Identität, Lebenswelt oder politische Erfindung, Wiesbaden 2024, S. 191–209, hier: S. 205.

Labor für neue Regierungsformate

Radikal ungebunden agieren ostdeutsche Wähler auch, indem sie ungewohnte Koalitionen, die sich aus ihrem spezifischen Wahlverhalten ergeben, unterstützen oder zumindest tolerieren. Die ostdeutschen Bundesländer entwickelten sich zu einem Labor für neue Regierungsformate. In Sachsen-Anhalt gab es 1994 mit dem Magdeburger Modell erstmals eine langfristig angelegte, von der SPD geführte und der damaligen PDS gestützte Minderheitsregierung, 2016 die deutschlandweit erste Kenia-Koalition (CDU, SPD, Grüne) und fünf Jahre später die erste Deutschland-Koalition (CDU, SPD, FDP). In Mecklenburg-Vorpommern übernahm die PDS 1998 erstmals Regierungsverantwortung auf Landesebene. In Brandenburg wurde die Linke 2009 Teil der Landesregierung, und in Thüringen übernahm 2014 mit Bodo Ramelow sogar ein Linker das Amt des Ministerpräsidenten.

Ein großer Teil der ostdeutschen Wählerschaft toleriert oder befürwortet auch eine Kooperation mit Parteien, die aufgrund teils radikaler Flügel oder Programminhalte bundesweit auf Ablehnung stoßen. Als die Thüringer Spitzenkandidatin des von der Linken abgespaltenen BSW, Katja Wolf, im August 2024 bekundete, dass man über Gesetzentwürfe der AfD, die „vernünftig" seien, diskutieren müsse, weil Scheuklappen „nicht zeitgemäß" seien,[3] traf dies den Sound vieler – nicht aller – Ostdeutschen. In diesem Sinne unterstützten in einer repräsentativen Befragung von CDU-Mitgliedern 2024 68 Prozent der Christdemokraten im Osten eine punktuelle Zusammenarbeit mit der AfD in den Ländern und Kommunen, wäh-

---

3   Zit. nach: Markus Wehner, BSW-Spitzenkandidatin fordert anderen Umgang mit der AfD, in: FAZ, 16.08.2024.

rend im Westen 57 Prozent dagegen waren; 52 Prozent zeigten sich offen gegenüber einer Koalition mit dem BSW.[4]

Schwache Parteien, schwache ostdeutsche Interessenvertretung

Die radikale Ungebundenheit der Ostdeutschen wird durch ihren geringen Organisationsgrad bestärkt, der sogar noch weiter sinkt. Darüber können Neueintritte im zeitlichen Umfeld von Wahlen nicht hinwegtäuschen. 2022 gehörten in Ostdeutschland von 10.000 Erwachsenen nur 89 einer im Bundestag vertretenen Partei an, im Westen waren es immerhin 165.[5] Zwar verlieren die meisten Parteien deutschlandweit Mitglieder, aber in Ostdeutschland ist der Parteimitgliederanteil an der Bevölkerung noch wesentlich niedriger (siehe Tabelle 2).

Das beschriebene Phänomen besteht in ähnlicher Weise in anderen postsozialistischen Gesellschaften, wie Tschechien oder der Slowakei. Die schwache Anwerbung von Mitgliedern schlägt sich in Programm- und Personalentscheidungen der Parteien ganz konkret nieder. Es besteht die Gefahr, dass sie zu wenig gesellschaftliche Interessen abbilden. In Deutschland, wo mit den Westdeutschen ein Teil der Bevölkerung besser organisiert ist, gilt dies primär für ostdeutsche Interessen. Wenn beispielsweise in der SPD nur ungefähr jedes 20. Parteimitglied aus einem der fünf ostdeutschen Landesverbände (ohne Berlin) kommt, dann gelingt es viel schlechter als ohnehin

---

4   Vgl. Alisha Mendgen, CDU-Mitglieder: Möglicher Kanzlerkandidat Wüst hat die besten Chancen – Merz dahinter, RedaktionsNetzwerk Deutschland, 14.08.2024. www.rnd.de/politik/bundestagswahl-2025-cdu-mitglieder-trauen-wuest-bessere-kanzlerchancen-als-merz-zu-QXBUY3456FG4NNQULNCAYHPBPU.html

5   Vgl. Oskar Niedermayer, Parteimitgliedschaften im Jahre 2023, in: Zeitschrift für Parlamentsfragen, 55. Jg. (2024), H. 2, S. 395–425, hier: S. 403.

schon, bei wichtigen inhaltlichen Entscheidungen der Bundespartei und bei deren Spitzenpersonal Einstellungen und Interessen der ostdeutschen Bevölkerung hinreichend abzubilden. Und wenn das Politikangebot, das Personal und die Sprache zu wenig auf die Menschen zugeschnitten sind, verstetigt sich das Phänomen, dass Ostdeutsche die Parteien eher sachlich-distanziert von außen nach ihren Angeboten und ihrer Leistungsbilanz taxieren als emotional unterstützen.

Tabelle 2: Rekrutierungsfähigkeit[1] der Parteien (ausgewählte Jahre)

	CDU		SPD		FDP		Grüne		PDS/Linke		AfD	
	Ost	*West*[2]	Ost	*West*	Ost	*West*	Ost	*West*	Ost	*West*	Ost	*West*
2002	0,46	*1,15*	0,22	*1,13*	0,09	*0,10*	0,02	*0,07*	0,46	*0,03*		
2007	0,40	*1,02*	0,19	*0,86*	0,08	*0,09*	0,02	*0,07*	0,36	*0,05*		
2012	0,38	*0,89*	0,19	*0,75*	0,07	*0,09*	0,04	*0,09*	0,29	*0,05*		
2017	0,35	*0,79*	0,19	*0,69*	0,06	*0,09*	0,04	*0,10*	0,24	*0,06*	0,05	*0,04*
2022	0,30	*0,68*	0,18	*0,58*	0,07	*0,11*	0,09	*0,19*	0,18	*0,05*	0,07	*0,04*

[1] Mit der Rekrutierungsfähigkeit wird der Anteil der Parteimitglieder an allen Personen, die grundsätzlich einer Partei beitreten könnten, angegeben. Im Jahr 2022 etwa waren also 0,18 Prozent der beitrittsberechtigten Ostdeutschen und 0,58 Prozent der Westdeutschen Mitglied der SPD.
[2] Die Angaben für die CDU beziehen sich auf alle westdeutschen Bundesländer außer Bayern.
Quelle: Eigene Darstellung nach Daten von Oskar Niedermayer (Fn. 5).

Die aus Sicht vieler Ostdeutscher unzureichende gesellschaftliche Verankerung der Parteien fällt im Alltagsgeschäft oft nicht auf, wenn Themen behandelt werden, zu denen sich die Einstellungen von Ost- und Westdeutschen nicht oder nur wenig unterscheiden. Anders ist dies, wenn Reizthemen ganz oben auf der öffentlichen Agenda stehen, bei denen die Positionen auseinandergehen – beispielsweise in Bezug auf Russland und seinen Krieg gegen die Ukraine sowie bei

Energie- und Arbeitsmarktfragen. Wie man auch in anderen post-sozialistischen Gesellschaften sieht, kann dann die Stimmung in der Bevölkerung kippen, ohne dass das Frühwarnsystem der Politik über die Gliederungen der Parteien rechtzeitig auf Anpassungsbedarfe hinweist. Kommt noch Kritik an Seilschaften in der Politik hinzu, so führt dies zu teils erdrutschartigen Wahlsiegen neuer oder neu positionierter Parteien; scheinbar etablierte politische Kräfte müssen aus den Parlamenten ausziehen.

In Wahlkampfzeiten fällt der geringe Organisationsgrad mancher Parteien besonders ins Auge. Hängen in den ostdeutschen Großstädten durchaus sehr viele Plakate unterschiedlicher Parteien, darunter von diversen Kleinstparteien, so gibt es nur wenige Kilometer außerhalb Orte gänzlich ohne Wahlplakate; oder es plakatiert gerade einmal eine Partei. Das spiegelt den Umstand wider, dass manche Parteien außerhalb der Großstädte kaum Mitglieder haben. Im Jahr 2017 kamen beispielsweise in Sachsen auf 10.000 Einwohner der Großstädte Leipzig, Dresden und Chemnitz je 18 Mitglieder der SPD und sieben von Bündnis 90/Grünen, in den zehn Landkreisen gehörten der SPD hingegen nur acht und Bündnis 90/Die Grünen nur zwei von 10.000 Einwohnern an. Die Kreisverbände der CDU hatten mehr Mitglieder als Linke, SPD und Bündnis 90/Die Grünen zusammen.[6]

Mit solch kleinen Mitgliederbeständen ist eine flächendeckende Parteiarbeit in Landkreisen, von denen sieben in Ostdeutschland jeweils größer als das Saarland sind, eine große Herausforderung. Eine Handvoll Mitglieder kann kaum regelmäßige wohnortnahe Mitgliederversammlungen durchführen, großräumig Plakate auf-

---

6 Vgl. Hendrik Träger/Jan Pollex, Parteimitglieder auf lokaler Ebene – eine vergleichende Analyse für urbane und ländliche Regionen in Niedersachsen und Sachsen, in: Björn Egner/Detlef Sack (Hrsg.), Neue Koalitionen – alte Probleme. Lokale Entscheidungsprozesse im Wandel, Wiesbaden 2020, S. 11–36, hier: S. 30.

hängen, Flyer verteilen und Wahlkampfstände auf Wochenmärkten organisieren. Die potenziellen Wähler könnten also, selbst wenn sie das wollten, gar nicht so mit den Parteien in Kontakt kommen, wie das in größeren Städten möglich ist.

Die AfD besetzt Leerräume

Wenn Menschen die Parteien nur aus den Medien kennen, dann haben neue politische Akteure größere Chancen, auf sich aufmerksam zu machen und Leerräume zu besetzen. Unmut beispielsweise über die Überformung von Kulturlandschaften durch Ökotechnologie, über die höheren Energiepreise in Ostdeutschland, über die Schließung von Krankenhäusern oder die Sanktionen gegen Russland wird dann nicht in die formalen Kanäle der Interessenrepräsentation eingespeist und dort diskutiert, sondern schlägt sich ungebändigt in Wahlergebnissen nieder, darunter im Votum für Parteien an den Rändern des politischen Spektrums.[7] Dort, wo einst die Nationaldemokratische Partei Deutschlands (NPD) und die Deutsche Volksunion (DVU) erfolgreich waren, setzen viele Wähler mittlerweile auf die AfD, die teilweise mit deutlichem Abstand die stimmenstärkste Partei ist. Das ist nicht „der Osten", sondern das geschieht speziell in peripheren, schlechter versorgten und repräsentierten Regionen.[8]

---

7   Vgl. Larissa Deppisch, „Wo sich Menschen auf dem Land abgehängt fühlen, hat der Populismus freie Bahn". Eine Analyse des populär-medialen Diskurses zu der Bedeutung von Infrastrukturverfall, Abstiegsangst und rechten (extremistischen) Werten für den Zuspruch zum Rechtspopulismus. Thünen Working Paper, Nr. 119/2019. www.econstor.eu/bitstream/10419/193140/1/1049683927.pdf
8   Vgl. Katrin Großmann, Gefährliche Entpolitisierung. Warum Peripherisierung der extremen Rechten in die Hände spielt, in: Aus Politik und Zeitgeschichte, Nr. 33–35/2024, S. 35–40.

Erfolg hat die AfD aber über diese Regionen hinaus. Wenn sie über die Abgehobenheit der Politiker schimpft, die sich nur für die Stimmen der Wähler, aber nicht für deren Ansichten interessieren, oder wenn sie höhere Renten fordert, dann spiegelt dies Sichtweisen vieler Ostdeutscher wider, wie wir sie schon lange in Meinungsumfragen sehen. Menschenfeindliche Aussagen von AfD-Politikern werden als Ausfälle Einzelner und Übertreibungen eingeordnet, die unschön sind, aber nun mal zum politischen Geschäft gehörten, um sich Gehör zu verschaffen. Wichtiger sei es, mit bestimmten Inhalten überhaupt zur Politik durchzudringen. Dass ostdeutsche AfD-Landesverbände als gesichert rechtsextrem eingestuft wurden, betrachten viele Ostdeutsche als politisches Instrument von Behörden, die nicht unabhängig von den gewählten Mehrheiten seien. Kritische Berichte über die AfD in den öffentlich-rechtlichen Medien empfinden selbst Nicht-AfD-Sympathisanten als teilweise nicht sachlich, sondern politisch grundiert; ohnehin ist das Vertrauen in die Medien seit Jahren niedrig.[9] Häufig wird in Bezug auf Berichte über die AfD eine Assoziation zur DDR hergestellt und darauf verwiesen, dass Journalisten „linientreu" agierten. Dabei empfinden viele Ostdeutsche mittleren Alters sich aufgrund der DDR-Vergangenheit als besonders sensibel für Mechanismen politischer Indoktrination und sehen sich hier gegenüber Westdeutschen im Vorteil. Auch diese Sichtweise greift die AfD aktiv auf.[10]

---

9   Vgl. Christopher Pollak/Uwe Krüger, Medienvertrauen in Ostdeutschland, in: Vogel/Lorenz/Pates, Ostdeutschland (Fn. 2), S. 285–314.

10 Vgl. Florian Spissinger/Mario Futh/Jamela Stratenwerth/Tobias Neidel, Das Ringen um ‚die Ostdeutschen' – über die Beharrlichkeit einer Identitätskonstruktion, in: Vogel/Lorenz/Pates, Ostdeutschland (Fn. 2), S. 337–357.

Astrid Lorenz und Hendrik Träger

Effektives Wahlverhalten der Ostdeutschen

Gemessen daran, dass in Ostdeutschland nur ein Fünftel der Bevölkerung lebt, das sich mit abweichenden Positionen nicht aus eigener Kraft politisch durchsetzen kann, ist das Wahlverhalten der Ostdeutschen durchaus effektiv – schließlich redet Deutschland über die Wahlergebnisse, und regionale Spezifika erlangen Aufmerksamkeit. Zugleich sind die Wahlentscheidungen der Ostdeutschen anfällig für Fehlinterpretationen ihrer Gründe, denn ihre Botschaften an die Politik erfolgen in Form von nur zwei Kreuzen, die nicht genau entschlüsselt werden können. Es gibt viele Interessierte, die ihre Interpretation dieser zwei Kreuze im politischen Wettbewerb instrumentalisieren. Um dies zu verhindern, wäre es wichtig, dass Ostdeutsche in ausreichendem Maße im öffentlichen Raum, in den Medien und der Politik die Gelegenheit hätten, bei der Entschlüsselung zu helfen.

Bei der Interpretation der Wahlergebnisse ist zu beachten, dass auch die Parteien, die zwischenzeitlich Wahlerfolge feiern, unter Beobachtung stehen. Solange sie nicht über eine starke regionale Verankerung verfügen und Stammwähler haben, müssen sie genau wie alle anderen politischen Kräfte immer wieder versuchen, die richtigen Themen zu besetzen und Wählerwünsche zu bedienen. Es ist also nicht ausgeschlossen, dass die ostdeutschen Wähler künftig erneut ihre Stimmen anderen Parteien geben.

Außerdem ist zu beachten, dass die Westdeutschen sich in manchen Facetten den Ostdeutschen annähern, etwa im sinkenden Organisationsgrad und im abnehmenden Gefühl der Verbundenheit mit einzelnen Parteien. Betrachtet man die europäischen Staaten, so waren es ohnehin eher die Westdeutschen, die in Bezug auf Parteimitgliedschaften und Stammwählerschaften von der empirischen Normalverteilung abwichen. Die radikale parteipolitische Ungebundenheit könnte also die Zukunft für ganz Deutschland sein.

Über die Beteiligten

Dr. Udo Baer, geboren in der Niederlausitz, kurz vor dem Mauerbau 1961 Flucht und Wechsel an den Niederrhein. Gesundheitswissenschaftler, Diplom-Pädagoge, Mitbegründer der Zukunftswerkstatt therapie kreativ, Vorsitzender der Stiftung Würde. Er hat gemeinsam mit Claus Koch die Beziehungspädagogik entwickelt. Autor zahlreicher Fach- und Sachbücher.

Mathias Brodkorb, geboren in Rostock, freier Publizist, gehörte von 2002 bis 2019 als Abgeordneter dem Landtag von Mecklenburg-Vorpommern an und war dort von 2011 bis 2016 Minister für Bildung, Wissenschaft und Kultur sowie von 2016 bis 2019 Finanzminister.

Ralf Hanselle, geboren in Detmold, ist stellvertretender Chefredakteur bei *Cicero*. Er studierte Germanistik und Philosophie und arbeitete über 20 Jahre lang als freier Kulturjournalist, Autor und Kurator. 2023 erscheint im Verlag zu Klampen sein Essay „Homo digitalis. Obdachlos im Cyberspace".

Dr. Astrid Lorenz, geboren in Rostock, ist Professorin für das Politische System Deutschlands und Politik in Europa. Ihre Arbeitsschwerpunkte sind Demokratieentwicklung, Beteiligung, Verfassungspolitik, Politik in Mehrebenensystemen (Föderalismus, Europäische Union) und Transformationsprozesse.

Alexander Marguier, geboren in Horb am Neckar, ist Chefredakteur des politischen Monatsmagazins *Cicero* und Verleger des Res Publica Verlags. Der studierte Volkswirt war zuvor Ressortleiter bei der *Frankfurter Allgemeinen Sonntagszeitung* und Politikredakteur bei der *Welt am Sonntag*.

Marko Martin, geboren im mittelsächsischen Burgstädt, verließ im Mai 1989 als Kriegsdiensttotalverweigerer die DDR und lebt als freier Schriftsteller in Berlin. Soeben erschienen: „Und es geschieht jetzt. Jüdisches Leben nach dem 7. Oktober" (Tropen Verlag).

Dr. René Schlott, geboren in Mühlhausen in Thüringen, ist Historiker und Publizist. Bücher und Aufsätze zur Holocaustforschung, zur Geschichte des modernen Papsttums und zur Mediengeschichte. Journalistisch tätig für verschiedene Tageszeitungen und Zeitschriften. 2014–2022 wissenschaftlicher Mitarbeiter am Zentrum für Zeithistorische Forschung in Potsdam.

Kathrin Schmidt, geboren in Gotha, lebt als freie Schriftstellerin in Berlin. Sie arbeitete lange Jahre als Kinderpsychologin, bevor sie sich 1994 ganz auf das Schreiben konzentrierte. Für ihre Romane und Gedichtbände erhielt sie zahlreiche Preise, u. a. 2009 den Deutschen Buchpreis.

Dr. Hendrik Träger, geboren in Leipzig, ist Politikwissenschaftler und beschäftigt sich schwerpunktmäßig mit Parteien und Wahlen. Seit 2014 arbeitet er am Institut für Politikwissenschaft der Universität Leipzig und ist stellvertretender Vorsitzender des Sächsischen Kompetenzzentrums für Landes- und Kommunalpolitik (SKLK).

Dr. Juli Zeh, geboren in Bonn, wurde für ihr literarisches Werk vielfach ausgezeichnet, u. a. mit dem Heinrich-Mann-Preis und dem Heinrich-Böll-Preis. Ihre Bücher sind Bestseller. Seit 2007 lebt die promovierte Juristin im ländlichen Brandenburg. 2018 wurde sie zur Richterin am Verfassungsgericht des Landes Brandenburg gewählt. Im selben Jahr erhielt sie das Bundesverdienstkreuz.